SVEGOT

Mars 2020

- Perspektiv från det fria Sverige

Svegot, Mars 2020

Tryckt i Storbritannien.

ISBN 978-91-984410-3-1

www.svegot.se
www.detfriasverige.se

SVEGOT

Mars 2020

Skribenter:

Jalle Horn
Magnus Söderman
Dan Eriksson
Daniel Frändelöv
Eva-Marie Olsson
Johan Svensson
Kristoffer Hugin
Ludvig Delin

Inledning

Svegotbokens tillkomst handlade om två saker. Den ena var att många föredrar att hålla sig uppdaterade om samtiden utan att för den sakens skull sitta med näsan i telefonen, plattan eller datorn. Jag är en av dem, även om mitt arbete gör att skärmtiden per dag är så extrem att jag inte vill tänka på det (och något som min son ibland påpekar när jag förmanar honom om detsamma). Den andra handlade om att vi ville skapa ett arkiv – en tidskapsel om du vill – som gör det enkelt att följa samhällsutvecklingen och Svegots arbete över tid. Det tar ett tag innan effekten av detta blir tydlig, men när man om fem år sitter med åtskilliga volymer så blir det uppenbart.

Jag tror att Svegotboken kan komma att bli ovärderlig för nästa generations fria svenskar, alla de som ska bära vidare vår börda när vi själva tackat för oss och lämnat jordelivet. De kommer kunna se skeendena klarare och lägga pusslet bättre eftersom de kommer kunna gå tillbaka i tiden och kanske finna det händelser som vred utvecklingen åt det ena eller det andra hållet.

Sanningen är ju den att man inte vet exakt hur avgörande det som sker framför ens ögon till sist visar sig vara. Först när allt är sagt och gjort så kan man börja skönja effekterna, men sällan inom en livstid. Därför är allt vi efterlämnar till eftervärlden viktigt.

Jag tror till exempel att den coronakris som rasar samtidigt som detta skrivs kommer visa sig vara en historisk händelse av vikt. Allt tyder på det redan nu, men vidden av det som nu sker kommer först synas tydligt om många år framöver. Ja, om inte mänskligheten går under och djuren återerövrar planeten vill säga. Men det känns inte som ett troligt scenario just nu. Av flera skäl är det mycket svårt att i detta skede förutse framtiden. Aldrig tidigare har vårt samhälle, alltså detta it-samhälle med den globala ekonomin, multikulturalismen och liberal demokrati stått inför en sådan kris som vi befinner oss i. Visst har mänskligheten tidigare utsatts för pandemier och krig och stora omvälvningar. Men just detta samhälle och denna världsordning vi lever i och under har inte prövats. De har förkunnat sin förträfflighet under årtionden, och nu är det upp till bevis.

Hittills har det inte gått så bra. EU visade sig vara ett luftslott för när Italien bad om hjälp låtsades EU som om det regnade och förmanade istället Grekland att ta emot "flyktingar" från Turkiet. I Sverige vaknade sossarnas statsnationalism till liv och inte en EU-flagga syns när "landsfadern" håller förmanande presskonferenser. Det visade sig också att allt som tidigare var "omöjligt" gick utomordentligt bra att göra: gränser stängdes, flygplanen lyfter allt mer sällan och produktionen måste ställas om eftersom världshandeln raglar ostadig som ett fyllo. Sådana nationella idéer som nationell suveränitet, krisberedskap och förmåga till självhushållning är på modet igen. Och när utlänningarna kaosar loss i sina områden istället för att dra sitt strå till stacken visar det sig att mångkultur gjorde samhället svagare, precis som vi sagt.

Allt detta är tydligt för oss just nu så ställ dig frågan, hur tydligt kommer det inte att vara om fem år, tio år ... 100 år? Kanske är det början på slutet för globalismen vi befinner oss mitt upp i? Kanske kommer coronaviruset lära oss vikten av nationalism, gränser och tradition.

När samhällets hjul nu snurrar långsammare så kommer många att komma till sans. Den moderna världens plågsamma stress och press – till ingen nytta för individen – sätts på undantag ett tag. Hur det kommer påverka över tid blir spännande att se.

Helt plötsligt blir den moderna människan också medveten om sin egen dödlighet. Det är nyttigt. Vi har kommit så långt ifrån livets gång, så vackert förklarad i psalmen Härlig är jorden:

"Tidevarv komma,
tidevarv försvinna,
släkten följa släktens gång"

att en tillnyktring var nödvändig. Livet visade sig vara skörare än många förmått sig att tro, vilket väcker frågor djupt inom varje människa. Det ytliga kanske inte var så viktigt trots allt.

Vi får se hur det slutar och vilka effekterna blir. Vi kommer se dem på kort sikt, men tack vare Svegotboken kommer nästa generation av fria svenskar ha möjligheten att lägga pusslet och lära av vår tids misstag.

JALLE HORN
3 mars 2019

Ett gäng clowner får coronaviruset att härja fritt i Sverige

Spridningen av coronaviruset tycks vara våldsam och omöjlig att hantera. Det kanske är oundvikligt. Men nog kunde jobbet i vårt land göras bättre, d.v.s. mildra spridning, få mer kontroll över situationen, skapa större lugn m.m. Regeringen gör i alla fall inte sitt bästa. Var så säker!

Coronaviruset verkar nu komma att spridas snabbt i Sverige. Det borde dock ha fått ett mer kontrollerat förlopp. Men hur är det möjligt när politiken och myndigheter styrs av ett gäng clowner? Från första början valde regering och myndigheter att mer eller mindre ta en fika, mycket likt den gången vågorna svepte in över Thailand. Man sade att det inte finns den minsta orsak till oro här i Sverige. Nu heter det tvärtom att läget är mycket allvarligt – en vecka senare.

Man lät flygplan från alla världens länder flyga kors och tvärs genom riket, åtminstone in i det, inte minst från Iran där man visste att coronasmittan var utom kontroll och härjade rätt kraftigt. Ingen fara, hette det för bara ett par dagar sedan. Nu – mycket allvarligt, varmed flygen stoppas.

Tåg med sossar och miljöpartister har lotsats fram och tillbaka till och från Norditalien (tillbaka till Sverige) där smittan spridits värst i Europa, med många dödsfall i bagaget. Man ger alla möjliga budskap till folket, som inte vet om de ska hamstra mat eller inte, och därmed tar det säkra för det osäkra, vare sig det behövs eller inte.

Skälet till denna villervalla av värsta art är att vår regering är fullständigt regeringsoduglig. Själva tvärvändningen i loppet av några få dagar talar sitt tydliga språk. ”Det finns ingen anledning till oro” – ”Vi tar det på största allvar”. Det är klart att virrpannorna i regeringen och på berörda myndigheter inte förstår särskilt mycket. Det allvarliga brottet är dock vad de säger till folket. Svenskarna vet inte vad de ska tro eller tycka, och absolut inte veta, eftersom Stefan Löfven och gänget pratar goja. Därför börjar folk bunkra, vare sig det finns anledning eller inte. Därför finns det risk för besvärliga händelser som inte har med viruset att göra i en snar framtid, alltifrån vågor av bilbränder till hemska rån.

Regeringens fikonspråk angående deras okunnighet, oduglighet och nonchalans är tydligare än någonsin nu när t.ex. Dan Eliasson öppnar munnen för att visa sin fantastiska inkompetens. Vad betyder t.ex. följande mening: "Sedan tittar vi på informationsgivningen, där behoven nästan är oändliga i sådana här fall"?

Inrikesminister Mikael Damberg vill inte vara sämre. Han riktar sig till historiker i en diktatur, verkar det som: "Det finns grogrund för desinformation, där avsändaren medvetet sprider felaktigheter, därför vill jag betona vikten av att kontrollera källan och hålla sig uppdaterad med råd och rekommendationer från myndigheter."

Frågan är bara, vem vill lita på regering och myndigheter när de leds av ett gäng clowner? Vem tror på ett ord de säger? Vem kan ta något de säger på allvar när det bara är rappakalja som passerar tändernas stängsel?

Tillit är det som länge har definierat svensken i samhällsfördragstermer. Den eran sköts till slut i sank av regeringen Löfven.

LUDVIG DELIN
3 mars 2019

Dags att bygga murar

En ny flyktingkris ser ut att närma sig. Turkiet har öppnat gränsen och miljoner lycksökare är redo att storma in i Europa. Frågan är, kommer vi se 2015 upprepa sig?

Att Europa länge nog varit under en konstant kris de senaste 40 åren är nog många att hålla med om. En kris där man har gastat floskler likt "alla människors lika värde" och annat bjäfs. En kris som kulminerade under 2015 när icke-statliga organisationer och humanister piskade upp stämningen kring kriget i Syrien. Detta är som välbekant ett sätt som västvärldens omdanare gärna använder sig av. Att utnyttja tragedier, krig och konflikter för att luckra upp de etniskt byggda staterna i Europa.

2015 kunde vi skåda på ett flertal platser, från tågstationen i München till finrummen på Sveriges redaktioner att refugees var welcome, som man säger på ren svengelska. I Sverige talade Stefan Löfven om för oss dumma svenskar att hans Sverige banne mig inte bygger murar. Ord som statsministern många gånger fått äta upp efteråt. Nästan samtliga av Sveriges alla mindre landsbygdsorter och storstäder fylldes med afghanska män och andra som såg sin chans när Europas gräns inte hölls.

2015 är sannolikt det år som varit avgörande för att putta fram den nationalistiska oppositionen i alla dess former. Då förändringen kom snabbt och som man kan tänka sig, så slog den hårt och skoningslöst med en ökad kriminalitet och ökade kostnader för hela Sverige, så blev det en ögonöppnare för många. Politrukernas våta dröm om att importera främlingar för att bryta ned de sista etniska strukturerna i Europa fick sig en törn. Sedan 2015 har vi sett hur samhället sjunkit längre ned i det mångkulturella hålet. Men även hur oppositionen har växt lavinartat. Våra idéer har vunnit politisk mark, men även slagit rot hos stora delar av den befolkning vi värnar.

Nu, 2020 så öppnar Recep Tayyip Erdoğan upp för att Europa än en gång ska stormas av främlingar som vill ha sin del av kakan som svenskar, tyskar, fransmän, och alla andra européer har bakat. Att Turkiet använder migration som vapen mot i Europa är egentligen ingenting nytt, eller överraskande. Man spelar de kort man har tilldelats. Turkiet spelar bara sin hand. Den största skillnaden mellan idag och igår är att det är Erdogan som spelar kortet, inte George Soros och hans lakejer, även om dessa knappast gråter över fler främlingar i Europa.

Skillnaden nu är att Europas befolkning knappt har hämtat andan från de våldtäktssomrar, pissrån, åldringsrån och belastade välfärdssystem som blivit en följd av katastrofen 2015 och en vansinnig politik de senaste 40 åren. Flyktingkramarna och batikhäxorna har fått testa på att åka den mångkulturella karusellen i några år nu och i många av fallen så slutar det som för kvinnan i värmländska Kil, med död. Befolkningen i Europa är knappast imponerade av varken afghanska toyboys eller syriska invandrare.

Nu hotas det med fler.

Men den stora skillnaden mellan då och nu är att flyktingkramarna lyser allt mer med sin frånvaro. Istället för skyltar om att öppna gränserna ser vi hur greker bokstavligt bränner ned NGO-högkvarter som arbetar för att importera än fler. Vi ser skott avlossas mot den invaderande horden. Österrike säger sig stänga sin gräns och förklarar att migranterna inte är välkomna. Ungern fortsätter på inslagen kurs och kommer inte tillåta horden att bryta Ungerns gräns. Grekland verkar strunta i vad FN säger och lägger påhittade regler som asylrätt åt sidan för att försöka mota Olle i grind. Eller ja, Mahmoud på andra sidan Egeiska havet.

Stater såväl som befolkningar i Europa har efter senaste "flyktingkrisen" lärt sig sin läxa angående att släppa in horder av främlingar i sina länder och är tillsynes inte redo att göra samma misstag. Men den som lever får se, idioter styr tyvärr fortfarande mycket i den här galna världen. Så man ska aldrig bli förvånad vad som än händer.

Vi kanske inte är riktigt där vi vill vara, än. Men de första spadtagen för Fästning Europa har uppenbarligen tagits. Kanonbåtar, murar och beväpning av befolkningar i gränsområdet lär nog tyvärr dröja. Men fortsätter nationalister, dissidenter och andra att trycka på för att vrida opinionen åt vårt håll kan vi fortsätta byggandet av vår fästning.

Främlingarna står just nu och försöker ta sig in i Europa. Det är dags att kavla upp ärmarna och börja arbeta. Vi har redan grävt grunden.

Nu är det dags att bygga murar.

EVA-MARIE OLSSON
4 mars 2019

Alltid redo att ställa upp

Vi kan inte tillåta oss att vara en av alla som tittar bort. Snarare måste vi vara observanta och beredda att rycka in om sådant som inte borde hända händer. Eva-Marie Olsson skriver om detta, och som vanligt med utgångspunkt från en självupplevd händelse.

Självklart önskar man allt gott för sina barn, barnen är den sista länken i släktskapskedjan som inom sin tid byggs på och på och på. Vi kan inte mer än att göra vårt bästa, det näst bästa är aldrig gott nog. I dessa dagar med ymniga rapporteringar om svenskfientlighet samt de allt mer frekventerade vittnesmålen om de grövsta förnedringar vi inte trodde var möjligt att våra barn tvingas utstå, måste vi inse att vi allt som oftast gör fel.

Felet vi gör och har gjort alldeles för länge är att vi ser på de där andra som om de är som oss. Inget kan vara mer fel. Jag tror att vi måste mer se på hur djur gör, och då framför allt rovdjur och asätande djur. Alla djur väljer ut det lättaste bytet, just precis för den saken att det är enklare. Både flockdjur liksom ensamvargar gör aldrig något som kräver mer energi än nödvändigt. Under åren har jag trist nog fått uppleva att gäster i vårt land missbrukar vår gästfrihet genom att som flockdjur ge sig på svaga individer.

Efter en trist händelse då jag inte förstod att barn blev rånade mitt framför mina ögon lovade jag mig själv efter det att alltid vara observant och ta reda på vad det egentligen är jag ser. Denna händelse där jag först inte förstod vad jag såg hände på Lilla Torg i Malmö. Jag tror det ungefär var för en 16–17 år sedan. Det var vinter och en skridskobana var iordningställd mitt på torget.

Idel svenska barnfamiljer åkte skridskor lite sisådär som sydskåningar åker då det på grund av avsaknad av vinterkyla kan gå flera år mellan tillfällena för denna vintersport. Där var jag och åkte skridsko med min yngsta son och blev efter en stund varse att några utländska pojkar gick med skor vid ytterkanten av isbanan. Dessa pojkar fånade och tramsade sig, tog fram tändare för att försöka smälta isen, hackade lite i isen och sådär. Ingen brydde sig nämnvärt om det.

Ja vad hände sen? Jag ska göra historien kort. Dessa icke skridskoåkande pojkar gick några steg bort till en grupp barn som satt och drack varm choklad, och så blev det som så att de barn som kanske för första gången själv fick ta bussen upp till stan rånades mitt på ljusan dag. Ena stunden har man det så bra med vänner och med sin choklad och sin bulle, för att i nästa stund finna sig bli rånad av utländska barn. Ingen av de vuxna omkring denna händelse förstod vad som skedde då de rånade barnen vare sig skrek eller på annat vis gjorde väsen av sig. Inte förrän två flickor skärrat berättade för mig att de blivit bestulna på sina ryggsäckar av de som sprang därifrån, då vaknade jag till liv.

De unga tjuvarna var nu så säkra på sin sak om att de kunde göra precis som de ville eftersom ingen gjorde motstånd och ingen vuxen förstod, eller kanske inte ens brydde sig. Dessa barn med sitt lömska och hotfulla sätt kom självsäkert släntrande tillbaka till platsen för brottet, då tog jag två av dem. Och innan polisen kom hade jag en kontrovers med den utländske killen som arbetade i caféet vid skridskobanan om det var nödvändigt eller inte att ringa efter polis då han ville släta över det som precis skett. Man ser här tydligt att utlänningar håller ihop, men vem vet, killen i cafét var kanske en "brusha" eller kanske en kusin som tog sitt ansvar för de sina.

Om vi svenskar skulle reagerat utländskt, i alla fall Möna-utländskt, då skulle alla pappor på isen kaosat medan mammorna hade gallskrikit och unisont spottat på rånarna, hade det funnits stenar i närheten hade rånarna nog tagits av daga. Inte att förglömma: till hjälp åt de rånade skulle alla kusiner, mor- och farbröder tillströmmat för att hjälpa till med "rättsskipningen". Men vi är inte som dom och som den vakne läsaren förstår hände inget sådant, skridskoåkarna sneglade försynt och lite sinnesslött på den lilla uppståndelse som uppstod. Ni ser, vi hade där kunnat gå samman och visat att vi inte tolererar invandrarungdoms kriminalitet och svenskfientlighet. Vi kunde gått ihop på vårt sätt, inte på deras.

Mitt, och de som rånats, "vapen" i detta var svensk polismakt och svenskt rättsväsende, nja det fungerade som ni kanske kan räkna ut inte så bra med den saken. En av rånarna mordhotade mig framför ögon och öron på polis. Sen var det slut, det blev inget mer, det blev defensivt låt-gå mentalitet. Liksom inget att bry sig om, och när man tittar tillbaka hade det varit mycket lättare att ta i tu med detta svenskfientliga då, mot vad det har blivit nu. Positioner flyttades fram, och inte var det våra.

Men inget är omöjligt och det hänger på vår vilja. Vill vi resa oss, tar vi striden för våra barn och vågar vi hjälpa någon annans barn när de blir hotade eller skadade? Hur känner vi för att stå upp för det som är rätt när det verkligen gäller? För att inte döda sin egen själ måste det till ett jäklar anamma, det mår man bra av.

I detta och genom andra mindre angenäma händelser lovade jag mig själv att alltid titta extra noga efter om vad som händer när utländska flockdjur omringar svenskar. Stanna till och fråga om allt är i sin ordning, ge drabbade barn och ungdomar en chans till räddning, innan det går för långt. Må vi aldrig mer få uppleva att någon gäst pissar på värdfolkets barn.

Vi måste lära våra barn att morska upp sig, freda sig, gå samman och ge igen. När den dagen kommer då man som förälder måste upplysa sitt barn om att världen allt som oftast kan vara ond, riktigt ond är det inte roligt – men det måste göras. Om nu någon mot förmodan fortfarande tror på ett rosa fluffigt välfungerande mångkultu- rellt lyckorike, så är det precis tvärtom som verkligheten ser ut. På många ställen i vårt vackra avlånga land råder det kaos och aggressivitet i våra bostadsområden och i skolorna när kulturella skillnader möts, alltför många svenska barn tvingas utsättas för en vardag med Mellanöstern-kaos.

Att stå upp för det som är rätt kan ha sitt pris, det kan ha ett högt pris på det rent personliga planet med släkt och fega "vänner" som försvinner, men i slutänden är att våga kämpa det enda alternativet. Många är de tillfällen då det helt klart med facit i hand varit enklare och mer smärtfritt att hålla tyst och flyta med strömmen. Vad än barnen säger i stunden om föräldrar som lägger sig i och bryr sig, så gör vi det för dem, och för vårt land.

MAGNUS SÖDERMAN
5 mars 2019

Flygblad i Grekland är bra Åkesson – men bättre kan du

Inte bara NGO-anslutna godhetsapostlar har rest till gränsen mellan Grekland och Turkiet. Också Jimmie Åkesson (SD) är på plats. Där har han delat ut flygblad som berättar att Sverige är fullt. Symbolhandlingen är bra, även om det rent praktiskt inte spelar någon roll. Men bättre än så kan Jimmie, om han bara vill.

Till skillnad från miljöpartister som poserar på bilder med budskapet "Refugees Welcome" har Åkesson försökt förmedla ett annat – och mer sant – budskap. Sverige är fullt och det är ingen bra idé att ta sig hit. Nu kommer inte hans flygbladsutdelning göra vare sig från eller till i sak (valfri infiltratör med sikte på Sverige kommer försöka ta sig hit i alla fall), men som ett inlägg i debatten är det kraftfullt.

Det är ju bara att se reaktionerna från motståndarlaget för att förstå att det är en öm punkt Åkesson trycker på. Centerns vikarierande partiledare säger:

"Det här är inte värdigt en svensk partiledare. Jag är upprörd över hur Jimmie Åkesson och Sverigedemokraterna använder utsatta människor i ett politiskt spel. Att dessutom göra sig till talesperson för hela svenska folket är helt oacceptabelt."

Jonas Sjöstedt (V) levererar också kritik:

"Flyktingar möts med våld och nekas att ens ansöka om asyl. Då tycker SD att det är dags att försöka plocka några partipolitiska poäng. Ynkligt".

Nog kommer Åkesson plocka poäng allt, speciellt eftersom Moderaterna backade från bilden med Tuffe-Uffe i jaktställ. SD kommer inte backa och både M och KD får vackert sitta vid sidlinjen och se hur SD får några extra väljare. Men det är inte bara bra att de rör om i grytan och får vänsterliberalerna att åter igen visa att de faktiskt vill se en upprepning av den stora "flyktingkrisen". Att ställa sig vid gränsen och dela ut flygbladen är för fräckt för att gammelmedia ska kunna vara tysta om det. Poäng igen till SD alltså.

Att det skulle vara fel att "plocka poäng" under omständigheterna är heller inte fel. Snarare är det helt rätt. För det är ju inte något nytt SD kommer med utan helt i linje med den politik partiet drivit under alla år de funnits. Politik går ut på att plocka poäng, och ju billigare desto bättre. Inte för inte gör ju motståndarlaget allt de kan för att visa upp någon ledsen unge eller förskräckt kvinna som hamnat mitt i någon av attackerna som "flyktingarna" genomför mot grekiska gränsposteringar.

Men bättre kan Åkesson och SD. Förra gången invasionen stod för dörren så sammankallade partiet till presskonferens och lovade att man skulle mobilisera fullt ut. Sedan talade Ekeroth i Malmö och efter det hände inget alls. Kan vi hoppas på att man uppfyller löftet denna gång?

Sanningen är ju den att ingen enskild aktör inom den nationella oppositionen har den möjlighet som SD har för att samla och manifestera en betydande del av folkviljan i Sverige. Massiva demonstrationer är inte betydelselösa i vår tid, trots internet och sociala medier. Småsamlingar av arga människor duger kanske inte mycket till, men om SD bestämde sig för att bära ilskan svenskar känner och kalla till protest i Stockholm så skulle inte jag förvånas om 100 000 demonstranter slöt upp omgående.

Och skulle de därtill dra på turné – lämna sina bekväma stolar i riksdagen – för att fylka motståndet så skulle vi få se en rejäl tillströmning runt om i vårt land. Budskapet behöver inte vara särskilt kontroversiellt; kör på något lagom SD-mjukt. Plakat med "Stäng gränsen" och "Avgå regeringen" samt en uppsjö svenska flaggor så är vi hemma. Jag hade dykt upp, även om de antagligen inte skulle vilja ha mig där.

Ett sådant agerande av SD skulle inte bara hjälpa dem att befästa sin roll som den enda ärliga oppositionen i riksdagen. Den skulle också ge svenskarna lite självförtroende och höja stridsmoralen. Det sistnämnda är det viktiga. Efter månader av förnedringsrån och annat otyg (för att inte tala om år av knutna nävar i byxfickan) så skulle svensken kunna gå man ur huse och kollektivt sätta ner foten.

Jag är fullt medveten om att mina landsmän svårligen tar sin vrede till gatorna. Men det finns något förlösande i handlingen och jag är rätt säker på att systemet skulle skakas i grunden om hundratusentals svenskar samlades i huvudstaden för att säga att nog är nog.

Förra gången lovade Åkesson att partiet skulle agera kraftfullt. Förra gången delades det också ut flygblad i Grekland. Det hjälpte inte alls. Invasionen kom och Sveriges demografi förändrades snabbt. Nu står vi inför något liknande (även om

Grekland denna gång står emot bättre). Kommer SD göra vad som krävs, eller kommer det bara bli som vanligt snart igen, medan nästa invasionsvåg drar fram över Europa?

Visa att du är en statsman Åkesson, visa att du har vad som krävs. Annars kan du lika gärna kliva åt sidan.

DANIEL FRÄNDELÖV
5 mars 2019

"Näthatsgranskaren" startar insamling för att åtala Joakim Lamotte

Tomas Åberg, kanske mer känd som "näthatsgranskaren" ber nu om 200 000 kronor för att åtala medborgarjournalisten Joakim Lamotte för förtal. Enligt Åberg finns det stor sannolikhet för en fällande dom, något som kommer bli dyrt för Lamotte.

"Hjälp mig att åtala Joakim Lamotte för grovt förtal". Det är Tomas Åberg, granskare av så kallat "näthat" som ber om 200 000 kronor för att försöka sätta dit den populära medborgarjournalisten Joakim Lamotte.

Bakgrunden är en text skriven 2018 av Lamotte, där han bland annat beskriver Åberg som en djurplågare. Åberg har tidigare hotat att ta saken till domstol om inte Lamotte betalar 100 000 kronor till en organisationen Kvinna till Kvinna, samt ber Åberg om ursäkt offentligt. Detta utpressningsförsök lyckades dock inte utan Lamotte lät hälsa att han såg fram mot en sådan rättegång.

"Om Tomas Åberg vill stämma mig får han göra det. En sådan process skulle ge mig möjlighet att fråga ut honom och även kalla egna vittnen som kan berätta om hans bakgrund. Jag ser fram mot detta."

Men trots att Åberg har dragit in en hel del pengar på sin "näthatsgranskning" samt erhåller hundratusentals kronor i bidrag från skattebetalarna verkar han inte ha de 200 000 som åtalet beräknas kosta. Därför väljer han att tigga ihop pengarna via Gofundme.

Där skriver Åberg att Lamotte "sprider rädsla" för att tjäna pengar, samt att Lamotte "inte är så aktsam med sanningen". Alltså, Lamotte ljuger för att tjäna pengar. Lamotte sprider ilska och rädsla för att gå in fler donationer.

Det kanske är dags för Lamotte att i sin tur åtala Åberg för förtal? Det hade varit inte så lite ironiskt, och likväl mycket önskvärt.

Kampanjen har varit igång i två dagar och bara fått in lite över 10 procent av målet. Kanske är Åberg inte så populär hos "folket" som han tror?

JALLE HORN
5 mars 2019

Litteraturhistoriens vackraste människa

Dagens ark bjuder inte på en poet. Dagen författare är en känd romanförfattare som idag bjuder på några väl valda citat från sina skrifter. Mest är hon dock med p.g.a. sin exceptionella skönhet i sin ungdom.

Vem är den vackraste författaren genom tiderna? En kvinna givetvis! Nordbo naturligtvis! Priset låter vi tillfalla norskan Sigrid Undset. Hon tilldelades också det högsta litterära priset i modern tid, Nobelpriset 1928. Det fick hon för sin romantrilogi som brukar kallas Kristin Lavransdotter efter huvudpersonen.

Bokens bästa sidor är väl inte själva intrigen och handlingen utan den fina skildringen av en medeltidsvärld. Böckerna utspelar sig på 1300-talet i Norge och berättar om Kristins liv, framför allt hennes besvärliga förhållande till maken Erland. Undset var väl inläst på medeltiden, inte minst genom att som barn ha högläst mycket medeltida litteratur för sin sjuka far, som snart också dog.

Sigrid Undset var knappast någon mönstermänniska om man vill leva upp till traditionella ideal. Hon skaffade barn med en gift man, som sedermera skilde sig och gifte sig med Sigrid. Efter bara några år flyttade hon ifrån honom – när hon var gravid med tredje barnet – varefter skilsmässa följde. Hon både arbetade och skrev till långt in på nätterna, så man måste fråga sig hur mycket tid hon ägnade åt barnen, åtminstone innan hon fick priset som måste ha gjort henne någorlunda ekonomiskt välstadd.

Men det finns ingen anledning att klandra henne. Säkert slogs hon inom sig liksom i praktiken mellan det som gjort livet svårt för människor i alla tider: konflikten mellan ideal och verklighet. Istället fördjupar vi oss i dagens citat. De lever nämligen väl upp till en traditionalistisk hållning. Och den som till varje pris vill ha en dikt bjuds på ett ungdomspoem på slutet (fast utan översättning).

De två citaten om kärleken visar förvisso på en kraft som har förmågan att krossa alla ideal, även sådana om ett traditionellt liv. Men om man inte bejakar kärlekens kraft med dess både livgivande förmåga och förmåga att bryta ideal, då kan man fråga sig om traditionalistiska eller andra ideal är värda någonting. Att bejaka kärlekens kraft är helt enkelt en chans man måste våga ta i livet, varthän den än leder en.

De fyra följande citaten balanserar upp kärlekens dans på lina: moderskapets välsignelse, hållningen till barnen, att det förgångna inte bara är något förflutet (utan också närvarande i framtiden) och att även de små sakerna i livet bjuder på rikedom.

Till sist en mening som visar på ett vist förhållande till livet. Den som känner längtan och livskraft måste vara beredd på att livet är ett galghumoristiskt sorgespel. Men måste kunna se livet – med all dess förtvivlan och lycksalighet – med glimten i ögat.

(slik = sådan   hinannan = varandra   elskoven = kärleken   lover = lagar   fortiden = det förflutna   evner = förmår   lengsler = längtan)

"Og ingen kjærlighet ble slik som de drømte den, da de kysset hinannen første gang."

"Elskoven skaper ingen lover, den bryter alle."

"Moderskapet er livet."

"Å fortjene sine barns respekt er i virkeligheten foreldres største plikt."

"For det er ikke sant at fortiden bare er det som har vært."

"Livet er fullt av store ting for den som evner å omgås de små ting fortrolig."

"Livet er et galgenlystig sørgespill for oss som er fattige og fulle av lengsler."

Stensgaten
Jeg slænger bortom nu og da,
– helst sånn en vårkveld lys og lang –
i strøk, vi længst er flyttet fra,
hvor jeg har bodd som barn engang.

Det er det samme leven her
og yr av unger, store, små,
med dukkestell i nypekjær
og viltre skrik mot kveldens blå.

Og jeg har denne gate kjær,
slik som den ligger, styg og grå,
for jeg har lært at længes her
mot lat, jeg ikke kunde få.

Sigrid Undset

JALLE HORN
6 mars 2019

Goternas främsta styrka – att behålla sin egenart

Goterna tog på 400-talet och 500-talet Europa med storm. Det germanska folket gjorde sig rent av till kungar över det gamla Rom i Romarrikets västra del. Men de behöll alltid sin särart, både när de tjänade och styrde över romarna. Det var en helig princip. Det är något att minna sig om i vår tid och i bästa anda efterlikna nu när Europas ledare i EU försöker kuva de europeiska folken genom att ta ifrån dem deras identiteter.

Goterna är ett av historiens intressantaste folk och i centrum för ett avgörande skede i Europas historia. Under folkvandringstiden – som italienarna f.ö. kallar något i stil med "Invasioni barbariche" eftersom de ser skedet ur italisk, romersk synvinkel – var goterna det folk som gav den västra delen av Romarriket nådastöten. Så brukar det i alla fall heta i skolböckerna. Verkligheten var förstås mycket mer komplicerad, sett ur såväl gotiskt som romerskt (eller för den delen neutralt) perspektiv.

Oavsett hur man vill tolka händelserna ur olika synvinklar står några saker fast. Goterna var ett germanskt folk med något oklart ursprung. Enligt historieskrivaren Jordanes, vars bok Getica är bevarad, kom goterna ursprungligen från ön Scandza i norr, sålunda Skandinavien. Hans bok brukar f.ö. ses som en slarvig sammanfattning av en bok av romaren Cassiodorus, som bl.a. var rådgivare åt den mest berömda gotiske kungen, Theoderik den store.

Många historiker brukar tveka om berättelsen om goternas skandinaviska ursprung, inte minst som den har lite sagoskimmer över sig och sådana usprungshistorier var vanliga under antiken. Men varför förstöra en god historia. Det finns dessutom flera spår i Skandinavien som visar på tecken och samband med kontinentens germanfolk. Men säkra på saken kommer vi aldrig att vara. När goterna först gör sig synliga under antiken, på 100-talet e.Kr., bor de vid polska Östersjökusten, vid floden Weichsels mynning.

I slutet av århundradet rör de sig mot Svarta havet. Det handlar alltså om hela stammar som vandrar iväg, inte några tidiga "vikingatåg". Hur det gick till vet vi inte. Kanske gick krigare i täten och beredde plats för övrigt folk som senare bosatte sig. Där på Ukrainas slätter och till sjöss i Svarta havet gjorde de livet surt för romare och andra folk genom röveri o.d.

Allt eftersom folket växte tror många forskare att andra stammar, mest germaner får man anta, har följt med och snart assimilerats med goterna. Framåt år 300 har goterna delat sig i två huvudstammar som kallade sig ostrogoter och visigoter. De har ofta kallats östgoter och västgoter efter sin geografiska plats under folkvandringstiden. Ostrogoterna härjade oftast längre österut än visigoterna; redan nu bildade ostrogoterna ett rike långt österut på Ukrainas slätter medan visigoterna trängde in i Dakien, romarnas namn på norra Balkan. Namnen "ostro" och "vesi" har dock inget med väderstreck att göra utan betyder sådant som "lysande", "ädel" e.d.

På 300-talet kristnades goterna. Från den tiden härstammar grunden för den berömda Silverbibeln som finns i Uppsala universitetsbibliotek, goten Wulfilas översättning av Bibeln. Själva Silverbibeln tillkom ett par århudraden senare, en avskrift och vidareutveckling av Wulfilas översättning. Mot slutet av århundradet, runt år 375, sker så den berömda händelse som blir första steget till den antika världens undergång: hunnerna anfaller.

Turkfolket hunnerna, som kom från Asiens stäpper, hade en överlägsen stridsteknik, precis som greker och romare har haft och tidvis både kelter och germaner under antikens lopp. De beridna hunnerna behärskade både pilbåge och andra vapen från hästryggen, vilket under vissa omständigheter gav dem totalt överläge. Goterna är det stora folk i Romerrikets närhet som får ta första smällen. Ostrogoternas rike i Ukraina faller samman, varmed de tillfälligt blir något av ett lydfolk, och visigoterna söker skydd inom Romarrikets gränser.

Goterna hade nu lång erfarenhet av strider och diplomati med romarna. De är inte alltid lydiga och underdåniga. Tvärtom för de snart krig först på Balkan och sedan i Italien. År 410 invaderar och plundrar de själva Rom. Det ska tilläggas att Romarrikets östra del med huvudsäte i Konstantinopel var både viktigare och militärt starkare då. Likväl var det ett fruktansvärt omen för den antika världen. Staden vid Tibern där allting började tusen år tidigare kunde inte stå emot de germanska trupperna – invasio barbareschi – vare sig med diplomati eller militär.

Sedan vände sig av olika orsaker visigoterna västerut och slog sig ned först i Sydfrankrike, sedan i Spanien. År 451 står ett av antikens mest berömda slag, slaget vid de katalauniska fälten i Gallien, där bl.a. romarna stred med visigoterna mot hunnerna under deras storkonung Attila, som hade delar av ostrogoterna på sin sida. Här nedkämpades hunnerna, vilket blev början till deras slut i Europa. Strax efteråt dog Attila, varpå hans söner inte kunde upprätthålla faderns välde.

Ostrogoterna blev nu fria bundsförvanter till romarna, s.k. foederati, och tre år efter slaget föddes han som skulle bli mest ryktbar av alla goter. Theoderik den store, som han sedermera skulle kallas, blev som barn gisslanutbyte, en del av en överenskommelse mellan ostrogoterna och romarna, och växte upp i Konstantinopel. Han fick klassisk antik utbildning men gick snart sin egen väg. Goterna ville som tidigare sagt inte stå under romarna hur som helst utan såg större möjligheter.

År 474 blev Theoderik ostrogotisk kung. Två år senare valde den gotiske krigaren Odovaker, som var väl inblandad i romersk politik, att avsätta den västromerske kejsaren en gång för alla; kejsarna i den västra delen av riket hade då förlorat det mesta av sin forna status och den landsdelen sågs som relativt oviktig för kejsaren i rikets östra del. År 476 räknas således som slutåret för Rom såsom gammal huvudort i Romarriket. Riket fanns kvar men styrdes nu så att säga av barbarer.

Theoderik såg här sin legitima chans att invadera Italien och göra sig själv till härskare. Han besegrar Odovaker och blir sålunda kung över ett Ostrogotiskt rike i Italien i nästan trettio år, fram till sin död 526. Några år efter det väljer Östrom att anfalla ostrogoternas rike och vinner till slut, varmed östgoterna snart förpassas till historien. Visigoterna har däremot kvar sitt rike i Spanien ända till 700-talet då de pressas till förintelse av dels frankerna, den germanska folkgrupp som gjort sig till herrar i Galllien/Frankrike, och dels araberna som invaderar Spanien söderifrån.

Det finns mycket intressant att säga om goterna. Den vetgirige kan t.ex. studera deras språk genom framför allt Silverbibeln. Gotiska är det enda s.k. östgermanska språk vi kan något om, fastän det förstås fanns flera. Faktum är att det så sent som på 1700-talet fanns kvar en gotisk folksprillra som talade gotiska på Krimhalvön, en kvarleva från goternas härjningar där 1500 år tidigare.

Intressantast är kanske goternas förmåga att alltid vara sig själva. Både när de tjänade romarna och härskade över dem upprätthöll de sin egenart. Inte minst som härskare i Italien såg de till att behålla sin kulturella identitet med diverse särdrag istället för att låta sig blanda upp, vilket förstås hade varit det enklaste.

Romarna var av tradition korthåriga, men goterna hade långt hår ner över skuldrorna. Medan romarna bar toga utmärkte sig goterna genom att bära päls. Goterna bestämde sig tidigt för att anamma en egen variant av kristendomen, arianismen som inte likställer sonen med fadern, alltså att Jesus inte var en ren gudom. Detta kunde de föra nog så goda teologiska argument för, så det var inte bara av bestämt lynne. Vidare tog de upp stora delar av romersk rätt såsom grund för juridiken i sina riken, men de behöll viktiga germanska lagar och såg till att skilja olika folk åt juridiskt.

Listan kan göras längre, men det behövs inte här. Istället ställer man sig undrande till många av dagens europeiska härskare. De önskar inte att européerna – mer bestämt: de europeiska folken – ska ha kvar sina särarter, sina åldriga identiteter.

EU-eliten, FN-höjdarna m.fl. vill att de europeiska folken ska anamma mutlikultivärlden och globalismen, att de ska göra sig små inför främmande folk som tillåts tränga sig in samt att de inte ska försvara sin särart.

I Sverige är detta alltför tydligt. I Tyskland märks det också. I andra länder har det varit svårare för eliten att fullständigt kämpa ned folkets känsla inför sig självt, men också där är det ändå tydligt att EU-eliten gör allt i sin makt för att ta ifrån folken den idenitära känslan. Att den politiska eliten, vilken går globalismens ärenden, inte ser till folkets bästa är uppenbart i det att främlingarna i Europa, invandrarna från främst muslimska länder, ska få behålla sin särart så långt det bara går, alltmedan européerna alltså ska låta sin egenart förringas och helst försvinna.

Det är ett svek utan dess like – ett folkförräderi av högsta rang. Inför det måste vi, det gäller varje europeiskt folk, se in i oss själva och finna det som utmärker just oss som folk. Och framför allt måste vi uppväcka den gotiska andan i oss såsom motstånd mot folkförrädarna. Vi vet ju också vad goterna faktiskt gjorde på den europeiska kontinenten.

MAGNUS SÖDERMAN
6 mars 2019

Fars eller förhandling? Svårt att veta när Dan Eriksson åtalades

Staten hävdar att Det fria Sveriges ordförande Dan Eriksson via Twitter uttryckt sig på ett sätt som inte är förenligt med lagen, vars uppgift är att skydda "minoriteter" i Sverige från att känna sig kränkta. Men bidde det ens en tumme i slutändan? Efter en farsartad åklagarinsats måste det till kollektivt hjärnsläpp för att Eriksson ska fällas, anser Magnus Söderman, som fanns på plats i tingsrätten.

Det första som slår mig när jag lämnar förhandlingen är att jag aldrig hört ordet "neger" användas så frekvent och med sådan ängslighet som under själva förhandlingen. Det vreds fram och tillbaka av åklagaren tills man knappt stod ut längre. Och när sedan en barnramsa skriven av Heidenstam citerades brast det för åhörarna, vilket surt noterades av åklagaren.

Hela saken visade dock hur dumt detta med statens orwellska nyspråk är. Ord kommer och går naturligt och bör inte vara något som en regim lägger sig i. Men det gör den och det var därför Dan Eriksson stod åtalad för brott mot gummiparagrafen hets mot folkgrupp.

Allt har sin grund i en tweet som dök upp på Erikssons offentliga (alltså Eriksson som ordförande för föreningen) twitterkonto förra året. Tweeten var en kommentar till en artikel i Aftonbladet där rapparen Azealia Banks uttryckte sin förhoppning att Sverige skulle bombas och att svenskar är "fula blonda grisar" – med mera. I tweeten som publicerades stod det:

> "Negern tycker att Sverige ska bombas, att vita ska grina och att svenskar är 'fula blonda grisar'. Inte en enda gång kallar Aftonbladet det 'rasism'. Hon befinner sig i Stockholm nu. Kvinnomisshandel är inte alltid moraliskt felaktigt. #frijakt"

Anmälare var Juridikfronten. Men oj vad snopna de blev när det visade sig att rubriceringen blev hets mot folkgrupp och inte uppvigling, vilket var deras tanke med anmälan. Inte bara snopna utan rent av blåsta på konfekten, eftersom de själv konstaterar att det inte är tal om någon hets mot folkgrupp. De skriver på sin hemsida:

> "Att Eriksson med ordet 'negern' syftar på Azealia Banks och inte någon folkgrupp är helt uppenbart. Även om ordet, med rätta, kan uppfattas som nedsättande så är det Juridikfrontens mening att det saknas stöd i praxis för att användningen av ordet i sig skulle utgöra hets mot folkgrupp. Kommentaren ger i övrigt inget uttryck för missaktning utan innehåller enbart referenser till olika uttalanden som Banks påstås ha gjort."

Åklagaren gick dock vidare med målet och menar att det minsann är hets mot folkgrupp att kalla en enskild person för "neger".

I och med rubriceringen borde ärendet helt avfärdas av rätten. Vem som helst förstår ju att det omöjligt (inte ens med hets mot folkgrupp-lagens extrema töjbarhet) kan vara tal om hets mot folkgrupp att beskriva en enskild person med "negern" i singular. Skulle tingsrätten ändå anse det så är vi mer illa ute som samhälle än vi kanske trott.

Det tog dock inte slut med debaclet kring "negern" utan något som också blev smärtsamt uppenbart var att rättssäkerheten är hotad på grund av att (i det här fallet) åklagaren inte hade någon som helst aning om – eller förståelse för – internet, sociala medier eller liknande. Dan Eriksson förnekar att han skrivit och postat tweeten och på frågan hur den då kunde dyka upp på hans twitterkonto svarade han genom att beskriva hur föreningen och dess olika projekt (samt offentliga företrädare) handskas med sociala medier.

Eriksson beskrev att föreningen (dess olika projekt) och dess företrädare har konton på bland annat twitter vilka sköts gemensamt, bland annat genom något som heter CoSchedule. Med hjälp av detta kan en person gör uppdateringar på alla konton som är anslutna. Därtill finns en telefon i anknytning till föreningens kontor, vilken är uppkopplad och inloggad för användning. Flera personer har tillgång till nämnda telefon. Sist men inte minst så är alla datorer på kontoret tillgängliga för de personerna som arbetar där.

Detta upplägg kunde åklagaren inte förstå. Hon undrade varför man skulle använda något annat konto än sitt eget, eller föreningens, för att skicka ut ett meddelande. Detta sa hon utan att det utretts om den aktuella tweeten kanske också skickades ut på flera konton (och nu är det för sent att kontrollera det). Inte heller att någon kanske postade på fel konto (från den gemensamma telefonen) föresvävade henne. Faktum är att åklagaren, som konstaterade att hon inte har twitter själv, inte heller har en susning om hur sociala medier används av föreningar, företag eller myndigheter.

Detta faktum är inte så konstigt. Det finns många som inte förstår sig på dylikt
och till del är jag en av dem. Men att jag inte gör det spelar inte så stor roll för andra
människor. Om en åklagare, domare, nämndeman eller polisutredare inte gör det så
kan konsekvenserna bli betydande och allvarliga. Åklagarmyndigheten verkar inte
ha den kompetens som behövs för att hantera fall som detta, någon annan slutsats
kan jag inte dra. Myndigheten har specialiståklagare för bland annat våld i nära
relationer och ungdomsbrott, dessa har särskild kompetens antar jag. Men någon
specialiståklagare som faktiskt vet hur sociala medier fungerar och används verkar
inte finnas. Det borde det.

Hur ska rättsstaten annars kunna upprätthålla rättssäkerheten? Vi har alla en släkting (som inte behöver vara så gammal) som hör av sig med jämna mellanrum för
att fråga om det där "wifiet" eller "datan" och hur man gör för att "surfa på det där
internetet". Det kan vara frustrerande att försöka förklara något som för en själv är
självklart. Frågan är om du vill att samma person ska vara den som avgöra om du
begått något brottsligt på en arena som de inte förstår någonting om? Bara för att en
person kan döma amerikansk fotboll betyder inte att personen i fråga kan hantera
en helt vanlig svensk fotbollsmatch.

Jag kunde se frustrationen hos Dan Eriksson då han försökte förklara det självklara
för åklagaren och tidvis ville jag själv skrika ut i vanmakt eller twittra något där och
då från det berörda twitterkontot bara för att kunna slänga telefonen till åklagaren
och be henne förklara hur Eriksson kunde twittra medan han satt och svarade på
hennes frågor.

I slutänden blev hela saken därför en fars. Jag hoppas bara att inte domen, när den
kommer om två veckor, återspeglar detta utan att rätten stämmer i bäcken och ogillar åtalet i sin helhet.

JOHAN SVENSSON
7 mars 2019

Prepping med familjen och soffkuddsätande plebejer

Johan "Rambo" Svensson hör vad statsmakten har att säga om coronaviruset och inser att det är hög tid att agera. Men först ska familjen övertygas och sedan gäller det att utstå pöbelns dömande blickar...

"Här kommer all corona-chan på en och samma gång" (melodi: Här kommer alla känslorna på en och samma gång)

Jag borde ha förstått då när du hostade hårt

Att allting har ett slut

Att hålla hälsan är svårt

Nu ligger jag i frossa på sjukhuskällarens betong

Och här kommer all corona-chan på en och samma gång

Här kommer all corona-chan på en och samma gång

Nynnandes på Per Gessle åkte vi iväg för lite gammal hederlig familjeprepping. I takt med att coronaviruset begav sig ut på världsturné blev vi mer och mer fundersamma. Visst, dödligheten är fortsatt låg och ingen i familjen befinner sig väl direkt i någon riskkategori. Vi är över lag rätt så hälsosamma och rosenkindade.

Det som liksom avgjorde saken för mig var en intervju i P1 med Sveriges statsepidemiolog Anders Tegnell. Jag var ute och körde och knäppte på radion. "Aha, en intervju med någon som har koll på läget" tänkte jag (ja, jag vet – kalla mig naiv) och höjde volymen. Jag höll på att köra in i en bropelare. Inte av chock utan bara för att få slut på eländet. Killen hade ju inte gjort sitt arbete ordentligt om han prånglade ut panik till den breda massan men alltså, jösses, han hade väl åtminstone kunnat låta som att han brydde sig liiite grann i alla fall?

Han kanske hade tagit en rejäl dos lugnande innan intervjun men herr Tegnell var ju så tillbakalutad att han praktiskt taget låg på golvet när man intervjuade honom:

"Ja alltså nä jag vet inte. Lite virus har väl aldrig dödat någon. Ja, jo, det sprider sig men det visste vi ju. Tvätta händerna någon gång emellanåt och försök att inte nysa främlingar i ansiktet. Hålla sig i karantän om man varit i ett drabbat land? Kontroller på flygplatserna? Reseförbud till vissa länder? Hördu nu tycker jag att du börjar låta obehagligt fascistisk. Det var så det började på 30-talet. Har man varit i ett drabbat område och har symptom är det bara att ringa till 1177 så löser det sig så fint så. Självklart ska alla barn gå till skolan som vanligt. Indoktrineringen får inte avbrytas. Vår beredskap är god och fladdermussoppa är delikat".

Jag parafraserar men tror nog att jag kommer ganska så nära sanningen. Håll ögonen på den mannen. Han kommer att göra en Dan Eliassonsk raketkarriär. Eller som min välbekante vän Kristofer Hugin så väl sammanfattade det: "Den gubben verkar ju ha en förkrympt amygdala".

Sagt och gjort. Om politiskt tillsatta tjänstemän i sossestaten säger att det är lugnt och att regeringen har koll på läget är det värre än vad vi kan föreställa oss. Det vara bara att sätta sig vid köksbordet och göra en lista.

Jag: "Du jobbar inom vården så jag lämnar till dig att inventera mediciner, handsprit och så vidare".

K: "Aj aj kapten. Vad har du med för mat på listan"?

Jag: "Först och främst tio kilo ris och fem liter matolja".

K: "Smaskens. Vad ska vi andra äta då som vill ha människomat"?

Dottern: "Ska pappa inte äta människomat"?

K: "Pappa ska äta ris och olja, älskling".

Dottern: "Det låter inte så gott".

Jag: "Det kommer att vara smaskens när det inte finns något annat att äta".

Dottern: "Kan vi inte äta pasta carbonara istället"?

K: ”Lyssna på din dotter nu”.

Jag: ”Bacon, grädde och ägg som går att spara i rumstemperatur och sedan tillagas på ett trangiakök? Visst, jag skriver upp det på listan till jultomten här”.

Dottern: ”Det låter inte direkt som världens bästa julklapp”.

K: ”Bråka inte med pappa nu älskling”.

Jag: ”Det handlar om överlevnad, inte någon champagne och gåslevercamping! Vi måste ha grejer som håller”.

K: ”Fast champagne och gåslever håller väl länge”?

Jag: ”Försök inte nu – du vet mycket väl vad jag menar”.

K: ”Ok, men vi kan väl ha lite goda konserver också”?

Jag: ”Ja det är klart. Tonfisk, makrill, kyckling, corned beef, grönsaker och frukt. Jag löser det”.

Dottern: ”Och lördagsgodis”.

Jag: *mörk blick*

K: ”Vad sa jag om att bråka med pappa”?

Dottern: ”Jamen förlåt då”.

K: ”Du förstår, pappa har blivit Rambo nu älskling”.

Dottern: ”Vem är Hambo”?

Jag: ”Hellre Rambo än Papphammar”!

Dottern: ”Ska du ha en pappershammare”?

Jag: ”Ni kvinntimmer är hopplösa. Ni tar ju inte detta på allvar. Imorgon ska jag köpa mer ammunition i alla fall”.

K: ”Vad i hela friden ska du skjuta på”?

Jag: ”Invasiva arter som försöker komma åt vårt mat- och vattenförråd”.

K: *suck*

Dottern: "Vad är en invasiv art"?

K: "Det får du fråga din far SVARA INTE JOHAN"!

Men det ordnade sig hyfsat till sist. K hade en rejäl lista på medicinska förnödenheter och jag hade en likväl diger lista för livsmedel, vattenförvaring och hygienprodukter. Så gav jag och min avgjort bättre hälft oss av till Biltema och ÖoB för storhandling av artiklarna på min lista. På Biltema hittade vi hygienprodukter och vattendunkar. På ÖoB köpte vi maten. Det blev liksom en rätt så rejäl shoppingvagn med käk. Nota bene: detta var på en vardagseftermiddag och det fanns bara kvar tre femkilossäckar med ris. 5-litersdunkarna med matolja var slut. Jag handlar på ÖoB ibland för att bunkra upp med konserver och torrvaror till båten och kunde konstatera att de definitivt hade utökat utbudet och mängden av dessa produkter. Likväl var det tomt lite här och där i hyllorna. Trangiaköken var slut. Om ni inte har varit och handlat ännu: se till att få det gjort. Ett välfyllt förråd är mer än livsmedel och vatten. Det är en huvudkudde som hjälper nattsömnen avsevärt. "Never caught slipping, never underprepared" som Vinnie Paz rappar i End of days.

Väl framme vid kassan tittade kassörskan roat på oss och folk i kön tisslade och tasslade. K tyckte att det var pinsamt men jag njöt i fulla drag. Kom inte och knacka på hos mig när ni ätit upp soffkuddarna, plebejer. "Är det att förbereda sig för coronan" frågade den hyperblonderade medelålders kassörskan med alltför långa kattlika naglar roat. Jag såg henne rakt i ögonen utan att blinka med ett välordnat pokerface och svarade så högt att hela kön hörde: "Ja. Ja det är det. Nu har vi bara extraammunitionen kvar att köpa". Du hade kunnat höra en fallande knappnål.

K hade utvecklingssamtal med mig i bilen på vägen hem. Men det var det värt. För sådant ska man kosta på sig ibland.

KRISTOFFER HUGIN
8 mars 2019

Att inte vilja ha barn duger inte

I dessa tider av massinvandring med främmande folk och alltför låga födelsetal hos svenska kvinnor, så är det givetvis högprioriterat att etniska svenskar bildar familjer. I princip samtliga länder tillhörande västvärlden har födelsetalen varit för låga sedan 60-talet, vilket innebär att vi blir färre för varje år som går. Tyvärr är det många kvinnor, men även män, som i reproduktiv ålder inte ens vill ha barn. Men ursäkterna är dåliga.

Jag har själv varit en sån där jobbigt hyperindividualistisk person i min ungdom som visserligen inte uteslöt framtida familjebildning, men som stör sig på barnfamiljer. Exakt varför vet jag inte så här i efterhand. Lyckligtvis ändrade jag mig med tiden när jag började föreställa mig mitt liv i framtiden och insåg att det skulle kännas ganska meningslöst utan barn. Vad skulle jag leva för när jag gjort allt jag vill göra? Vem skulle jag lära allt jag kan? Vem skulle ärva mina tillgångar och materiella ting som jag själv har ärvt eller skapat?

Tyvärr har ju dock livets omständigheter skjutit på familjebildningen för min del. Inte heller samhället är vad det en gång var. Det uppmuntrar inte längre till familjebildning i någon högre utsträckning. Utöver detta är människor numera experter på att rationalisera varför barn är en dålig idé, i synnerhet om man är högutbildad. En del struntar till och med i familjebildning för att vara "normkritiska".

Ursäkt 1
En vanlig ursäkt som ofta förmedlas av media men även i skolan och andra institutioner, är att barn begränsar ens möjligheter. Framförallt unga kvinnor får höra detta budskap men även jag hade denna inställning som ung. I det moderna samhället finns precis hur mycket saker som helst som skänker kortsiktig tillfredsställelse. Vad dagens samhälle försöker få oss att göra är att prioritera denna kortsiktighet framför den långsiktiga tillfredsställelse som barn ger. I grund och botten spelar det

ingen roll vad vi prioriterar – men prioriterar vi inte familjebildning så upphör vi till slut att existera som folk. Svårare än så är det faktiskt inte.

Samtidigt är alla dessa möjligheter oftast bara tidsfördriv eller sådant som inte syftar till något långvarigt. Konsumism och upplevelser är sådant vi övertalas att sträva efter snarare än familjebildning. Ändå är det inte materialism som gör oss lyckliga och välmående – det är intima sociala relationer. Och jag har aldrig hört någon säga att de ångrar sina barn – däremot gnälla över att de jobbar för mycket eller att de gjort ett dåligt köp.

Ett annat bekymmer är att stress, en instabil och otrygg livssituation och psykisk ohälsa gör att de drabbade inte skaffar barn. Om samhället brutit ner dig genom exempelvis hög arbetsbelastning och följande utbrändhet, då planerar du inte att skaffa barn. Då räcker din lilla energi knappt till att ta dig igenom dagen. Då blir barnlösheten tyvärr en förståelig konsekvens.

Problemet är ju dock när många svenskar råkar ut för just detta eller är helt upptagna med arbete och karriär. Vem har tid med barn om det är massvis att göra på jobbet och det dessutom kanske är roligt och tillfredsställande? Samtidigt är det knappast ditt jobb du kommer tänka på när du ligger på dödsbädden. Det är din familj du kommer tänka på – eller frånvaron av en.

Ursäkt 2
En annan ursäkt har jag hört flera gånger under mitt liv, även från kvinnor som har en nationalistisk livsåskådning. Lite paradoxalt kan tyckas eftersom om man är nationalist så är man ju ändå medveten om folkets betydelse, och utan barn finns det snart inget folk. Men denna ursäkt grundar sig i grund och botten på omsorg – att man tycker det är oansvarigt att sätta barn till denna värld som vi alla ser är på väg utför.

I grund och botten har jag full förståelse för denna inställning – vi ser ju själva allt som är fel i clownvärlden och att det inte går åt rätt håll. Således vet vi att våra barn kommer få det ännu värre än vi haft det under vårt liv. Vem kan vilja sätta barn till världen med en sådan vetskap??

Dock finns det några självklara invändningar mot ovanstående argument. För det första lever vi fortfarande i tider som materiellt sett är bättre än som någonsin existerat på jorden. Faror som förr tog livet av en stor del av alla nyfödda har vi idag eliminerat och livets mödor har minskat avsevärt. Ändå är vi alla ett resultat av våra förfäders slit och förmåga att skaffa barn. De gav inte upp trots livets mödor och det ska vi inte heller göra.

För det andra har vi nationella en stor fördel jämfört med vår föräldrageneration och alla de Medelsvenssons som lever idag: kunskap. Eftersom vi tagit det röda pillret och ser vilken riktning samhället rör sig åt så kan vi förbereda oss därefter. Vi har alltså möjligheten att ligga steget före samhällsutvecklingen och se till att göra våra barn förberedda på ett hårdare liv än vad vi själva haft. Genom förberedelse skapar vi alltså starka individer som kan ta över facklan och föra vårt folk in i framtiden.

Således är det alltså ingen bra ursäkt att inte vilja skaffa barn för att vi ser allt som är dåligt. Det är snarare en möjlighet!

Lite titt som tätt läser man krönikor från karriärkvinnor i vänstermedia där de försöker förklara varför de stolt är barnlösa, samtidigt som man märker en illa dold bitterhet och sorg. Jag kan knappt föreställa mig de mentala kullerbyttor dessa gör för att motivera hur det är något positivt att inte ha barn samtidigt som de försöker trycka ner sina instinkter. Många, framförallt kvinnor, verkar dock tyvärr inte inse vad de gått miste om förrän det är för sent. Se därför till, kvinna som man, att du inte blir en av dem.

JALLE HORN
9 mars 2019

Hemmafrun – bevarar livet för familjen

Det är dags att gå mot strömmen. Den internationella kvinnodagen – i den mån den behövs – hör i framtiden till den traditionella kvinnan i en traditionell familj. Två exempel visar varför den traditionella kvinnorollen är mycket viktig idag.

Det här skrevs på internationella kvinnodagen den 8 mars. Det är dags att vända på den liberala steken och tvärtemot de progressiva krafterna hylla en traditionell kvinnoroll. Kvinnan är inte bara genom sin natur livgivande, i hennes traditionella roll har hon även på bästa sätt hjälpt till att bevara liv. Blickar man ut över dagens värld märker man fort att den traditionella kvinnan är viktigare än på länge.

För det första kan vi slå fast att många kvinnor vantrivs i det offentliga livets arbete – inte bara arbeten inom stat, kommun och landsting utan över huvud taget i arbeten utanför den privata sfären. Stressrelaterade sjukdomar är närmast en epidemi i vår tid, och de allra flesta som drabbas är förvärvsarbetande kvinnor. Utöver själva sjukdomen kommer plågor som sämre självförtroende, mediciner och ifrågasatt samhällsroll. Vi måste inse att den inslagna vägen med alla kvinnor i förvärvsarbete är helt fel väg.

Jag ska inte beröra barnafödande och omhändertagande av barn här. Fast det bör påpekas att det saknas oerhörda mängder dagis- och skolpersonal i länder som Sverige och Tyskland. Marknaden skriker efter det. Istället för att försöka fylla på ett sådant omättligt behov av personal inom de områdena, som fungerar sämre och sämre för var år, vore det inte klokt att låta barnen vara hemma – med mamma på plats?

Blickar man ut över vår privata värld slås man av en än värre pandemi, nämligen kostrelaterade åkommor. Fetma, diabetes, karies, cancer m.m. ökar lavinartat.

Lars Bern, en välkänd person inom svensk alternativmedia, menar rent av att den moderna världen – och problemet sträcker sig faktiskt över hela världen, även om västvärlden än så länga är värst drabbat – är drabbat av en pandemi, den metabola pandemin.

Det handlar om att vår ämnesomsättning inte fungerar som den ska i och med att vi får i oss opassande föda för människokroppen, varmed vi drabbas av en mängd sjukdomar. Även om sådana sjukdomar har följt med oss sedan människan började bruka jorden, har problemen exploderat de senaste hundra åren.

Det beror i första hand på den moderna livsmedelsindustrin som har skapats som en följd av den industriella revolutionen, kraftig urbanisering, befolkningsökning o.d. Den industriella revolutionen började som bekant för ca 250 år sedan, men det är först för ungefär hundra år sedan som matindustrin på allvar förändrades. Och man får inte glömma hur stor en sådan marknad är; alla människor behöver mat och dryck dagligen; här finns oändligt stora intressen för dem som vill tjäna pengar. Några av de saker som har skett är att sådant som socker, vitt mjöl och vegetabiliska fetter (framför allt i fröbaserade oljor såsom rapsolja och solrosolja samt miljöboven palmolja) har blivit allt mer framträdande ingredienser i vår föda.

Men våra kroppar är inte betingade för att hantera den sortens mat. Därtill har jordarna utarmats till den grad att grönsaker och frukter enbart har en tiondel näring kvar jämfört med för hundra år sedan (det gäller även ekologiskt odlade grönsaker). Djurhållningen är katastrofal med tätt sammanpackade djur som ges foder av sämsta slag. Vi har också en mängd kemiska ämnen i maten som är till för få industrimaten att hålla längre och smaka någorlunda m.m. Till slut har vi sådant som pastörisering och fettreducering, vilket i viss mån behövs för att komma till bukt med bakterier i maten men som också radikalt reducerar näringsämnen i maten.

En varningsslogan för den moderna maten kunde vara att den ska tillverkas snabbt, tillagas snabbt och förtäras snabbt. Var och en förstår hur skadligt det är. Lars Bern har skrivit böcker i ämnet och hållit otaliga föreläsningar om saken. Och han har framhållit hur staternas kostråd samt medicinindustrin på många sätt går hand i hand med den moderna livsmedelsindustrin.

Hur ska en familj kunna leva sunt under sådana omständigheter? Den naturliga lösningen är förstås att husfrun ägnar en väsentlig del av sin tid åt familjens kost. Alternativet att hon ska förvärvsarbeta för fullt har ju visat sig vara en återvändsgränd. Men arbetar hon hemma finns tid till den saken. Alla vi män som har skött om hushållets mat vet vilket stort jobb det innebär; det är inget vi skulle nedvärdera. Tvärtom! Det kräver planering, det kräver kunskap, det kräver fantasi för att skapa variation och det kräver erfarenhet. Maten ska ju bli nyttig, smakfull och variationsrik. Dessutom måste man undvika livsmedelsindustrins fällor. Att helt undvika det är förstås omöjligt, men genom att använda mer animaliska fetter, undvika margarin, dåliga oljor, sockerprodukter samt vara noggrann med vilka produkter man köper går det förstås att inom livsmedelsindustrins ramar laga sund mat.

Här har kvinnan en verkligt livsbevarande roll att ombesörja. Ty vad bevarar livet mer än maten som vi dagligen behöver? Och vad får vår själ att må bra om inte just god och sund mat?

Till på köpet har hemmafrun flera andra saker som måste besörjas där hemma. Även om mannen hjälper till är det ett hästarbete. Därför hade familjerna förr i tiden personer som hjälpte dem. De som har läst eller sett sin Emil i Lönneberga vet förstås att till familjen hörde drängen Alfred och pigan Lina. Nu för tiden har vi inte den sortens hjälp. Desto större skäl att uppvärdera hemmafruns kosthållning och annat som görs inom hemmets väggar.

Låt mig avsluta med en annan intressant sak där hemmafrun kan göra sig gällande. Det hela kräver förstås att man inte bara tror att det löser sig med att kvinnan är hemmafru utan att man inser vidden av hela familjekonceptet.

När jag läste en artikel i SvD näringsliv drog jag mig till minnes inledningen i August Strindbergs bok Giftas. Där ondgör sig Strindberg över Henrik Ibsens otroligt populära drama Ett dockhem, som hyllades av alla Europas feminister. Nå, Strindberg drar ner Ibsens drama på jorden – rättvist eller orättvis kan bedömas en annan dag – bland annat genom att mena Ibsen har skildrat famlijen i dramat, Nora och Helmer orealistiskt. I en vanlig familj beslutar båda parterna, man och kvinna, om ekonomiska omständigheter. Och kvinnan (på den tiden) råder över den heliga hushållskassan. Det är hennes domän. Så lyder en del av Strindbergs kritik.

I SvD-artikeln tog artikelförfattaren upp en ny fara för de flesta medborgare, nämligen vanan att köpa på avbetalning. Det här är en ny vana som har exploderat de senaste åren. Avbetalning är bara ett annat ord för att låna pengar – låna pengar för att betala varan du vill köpa. Svenskarna lånade 65 miljarder till konsumtion 2018 och uppskattas låna 75 miljarder kronor år 2020. Svenskarnas samlade konsumtionsskuld är minst 244 miljarder kronor idag, enligt Finansinspektionen. Det motsvarar 30000 kronor per vuxen svensk. Svenska hushåll betalar mer i ränta och amorteringar på små konsumtionslån än för stora bostadslån.

Varför då? För att kunna "shoppa smidigt". Alla förstår vi att det är lika stört som att proppa i oss den industrimat som leder till metabola sjukdomar. Vad händer nämligen med otaliga svenskar? Deras ärenden hamnar hos kronofogden. Lånebolagen tjänar på avbetalningen genom att avbetalningen för med sig avgifter och räntor. Och när man handlar på avbetalning hamnar avgifterna och lånen hos flera kreditföretag. Det har blivit en djungel av aktörer eftersom alla vill tjäna en bit av kakan. Alla lovar guld och gröna skogar, men plötsligt står familjen där och kan inte betala för mängden varor de köpt.

Korttidslån är perfekt för kvinnor i arbete och stress. Liksom för moderna ensamstående män. Men i en vettig familj där hemmafrun "har hand om familjekassan" eller hur det nu fungerar skulle ett sådant beteende knappast vara möjligt. En hemmafru i en vanlig familj som tar sin roll på allvar skulle inte låta familjen hålla på på det sättet. Hennes roll är ytterst konservativ, hon ser på den sortens inköp som en risk.

De två exemplen räcker för att inse vikten av att återgå till mer traditionella familjekonstellationer. Det betyder inte att kvinnan plötsligt måste säga upp sig på jobbet hon kanske har. Men det finns all anledning att fundera på sin nuvarande situation och se om det går att justera arbetsförhållandena och framför allt att låta familjens väl och ve komma först.

Nu är internationella kvinnodagen över. Låt oss hylla den traditionella kvinnan, livgivande och livsbevarande. Hon behövs mer än någonsin.

DANIEL FRÄNDELÖV
9 mars 2019

Italien varnar Europa för coronaviruset: "Gör er redo!"

Italiens läkare skickar en varning till Europa efter deras erfarenhet av coronaviruset. Det kommer bli allvarligt, hälsar man. Många kommer behöva intensivvård och då sjukvårdpersonal själva tenderar att bli smittade, eller sätta sig själva i karantän, är risken för personalbrist överhängande. "Förbered er", låter man hälsa.

"Vi vill skicka ett viktigt budskap; gör er redo!" Denna varning skickar italiens läkare till Europa. Och de vet vad det talar om. Antalet döda i coronaviruset närmar sig snabbt 400 och med en bra bit över 7000 infekterade går landets sjukvård på knäna. Man har vidtagit kraftfulla åtgärder och i dagsläget sitter 16 miljoner människor i karantän.

Sannolikheten att andra länder i Europa kommer drabbas på liknande sätt är stor, och italienska läkare har därför skrivit ett brev med sina erfarenheter. Det är oroande läsning.

Tio procent av de drabbade har behövt någon form av intensivvård på grund av lungkollaps. Dessa patienter behöver mycket omsorg för att överhuvud taget kunna andas, annars skulle de avlida.

Europa måste förbereda sig

De påpekar att europeiska sjukhus måste förbereda sig på en mycket kraftig ökning i antalet patienter. Det behövs helt enkelt fler intensivvårdplatser för att klara anstormningen – på varje sjukhus om det är möjligt.

I England diskuterar man redan att vård måste prioriteras till de som har störst chans att överleva. Äldre och de med hjärt- lungproblem kan alltså helt enkelt få stå utan vård. Det är svåra moraliska beslut att ta men icke desto mindre nödvändiga.

Doktor Giuseppe Nattino varnar för att det inte längre bara är de "gamla och sjuka" som drabbas. Coronaviruset slår hårt mot kroppens organ, inte bara lungorna. Blodtrycket påverkas, och även hjärtat och njurarna. Även detta innebär att patienterna behöver mycket och resurskrävande vård.

"De senaste dagarna har vi sett fler yngre patienter. De äldre och sjuka kraschade först och nu kommer de yngre, som har uttömt sina fysiska reserver, till överfulla sjukhus med ont om resurser."

Sverige extra dåligt förberett
Sverige har bland det lägsta antalet sjukhussängar per invånare i hela EU och även om talespersoner för regeringen gör sitt bästa för att försöka lugna folket har det inte gått speciellt bra. Allt fler svenskar börjar inse allvaret i coronaspridningen och förbereder sig genom att köpa hem mat och förnödenheter.

Trots att direktflyg från Iran har stoppats väller det fortfarande in personer från andra smittskyddsområden, till exempel Italien. Med en sjukvård som redan i dagsläget är i krisläge mer eller mindre dagligen kommer ett större utbrott i Sverige lamslå hela systemet.

Sverige är inte det minsta förberett. Men svenskarna kan vara det. Gör din plikt. Skydda dig och din familj. Hör vad italienarna säger. Förbered dig.

LUDVIG DELIN
9 mars 2019

Grekiska medborgare beväpnar sig för att skydda gränsen

Omkring 4 000 greker som bor i gränsområdet till Turkiet har nu börjat mobilisera sig för att förhindra de migranter som försöker komma till Europa via Grekland. I praktiken handlar de om en privat milis som förser sig med vapen för att försvara sina hem och sin framtid genom att patrullera gränsen.

Detta nya grekiska medborgargarde som består av 4000 personer har nu beslutat sig för att ställa sig i kampen mot de migranter som riskerar att välla in i Europa via den turk-grekiska gränsen. "Inte en enda kommer att slippa förbi oss till Aten." säger en av de frivilliga.

Medborgargardet ser sig själva som en lokalbefolkning som försvarar sitt land. De har vid flera tillfällen tagit illegala migranter och för dessa till polisen. Vissa gripande ska ha skett våldsamt men gruppen påtalar att det endast är ifall där migranterna inte självmant har följt med till polisen rapporterar tyska tidningen Die Welt

"Släppte vi in dem skulle hela Grekland, hela Europa, falla ned i mörkret" säger andra frivilliga och den reguljär gränspolisen verkar hålla med. Citat som att "Det är krig här" samt konstaterande att de frivilliga krafterna gör ett riktigt grovjobb kommer från den grekiska gränsbevakningen.

EVA-MARIE OLSSON
10 mars 2019

Polisen fortsätter spela islamisterna i händerna

Ska man spela "cool" och låtsas som om det regnar, eller ska man protestera och ställa sig på tvären när vår politiska polismakt samarbetar med invasionsmakten?

Jag som äldre svensk kvinna har vid flertal tillfällen sett tydlig illvilja och missförhållanden mellan etablissemanget och folkets väl och ve. På den hårdhänta vägen har jag sorgligt nog blivit varse att svensk polis samarbetar med islamister. Jo det är faktiskt sant.

Flera av er som läser detta har förmodligen själv blivit mer eller mindre hårt ansatta av den nya svenska tid, en tid som kan vara som ett smärre helvete. Vi som inte stillatigande kan godta att främmande makt vinner mark i vårt land får emellanåt våra "fiskar varma" i kontakt med verkligheten.

Från maktens sida sjösätts diverse åtgärder för att vi som inte tycker att islams kalifat är en speciellt god idé ska tiga still. Vi som har svårare än folk i gemen att se positivt på negativa händelser ska med olika vidriga åtgärder fås att böja vår nacke och stillsamt foga oss i fientlig positionsframflyttning. Men, så kan vi inte ha det.

Vi som fortfarande minns det svenska Sverige och som vill kunna lämna över ett någorlunda helt land till kommande svenska generationer har en skyldighet att motarbeta främmande makts aggressiva vision om vårt kära fosterland.

Vi kan börja med att konstatera att svensk polismakt i allra högsta grad är politiserad. Jag har inga källor från maktens korridorer och boningar att luta mig på, då jag inte befinner mig där, källan är jag själv genom egna erfarenheter. Genom mindre angenäma händelser som många av oss delar och tyvärr känner igen oss i, kan vi tydligt se bevis på att polisen inte följer lagen, det är ett faktum. Svenskar har blivit andra klassens folk i sitt eget land, ungefär som något äckligt som katten släpat in. Partipolitiska direktiv genomsyrar kårens högdjurs order, med resultat att polis på fältet genom chefers orättfärdiga beslut trampar neråt kosta vad det kosta vill.

Det kostar exakt ingenting, då både maktetablissemanget och media är tätt omslingrade med varandra, det kostar exakt ingenting ännu, för dom. Vi kan ropa oss hesa efter rätt och rättvisa, vi får det inte, den starke vinner och det är för tillfället AB Sverige. När den egna frustrationen är som mest intensiv vill man både vända ryggen åt de som vill svensken illa, samtidigt som man vill kämpa för en förändring, samt skrika och visa på sitt glödande men sorgsna förakt åt de och dem som det förtjänar.

Jag fick ett brev från polisen. Det gällde min anmälan om ofredande och hindrande av grundlagsskyddad yttrandefrihet/åsiktsfrihet/mötesfrihet, en polisanmälan som jag gjorde i vintras mot två islamister vid muslimers demonstration i min lilla landsortskommun (Skurup). Det var som väntat, förundersökningen nedlagd i brist på bevis, fast det fanns bevis. Jag hade två val, strunta i det och lägga det bakom mig för att jag vet att jag aldrig kommer att få rättvisa när det gäller två muslimer mot mig en svensk kvinna, eller ringa upp polisen. Jag ringde upp.

"Jag har lagt ner förundersökningen för den gav ingenting, jag fick inte fram något från media som var där, de hade ingenting, inga foton eller nåt annat". Vänta nu här, det fanns ju massvis med vittnen, dina kollegor stod tätt inpå och såg när de två manliga islamisterna tog på min kropp och hindrade mig från att kunna gå nedåt gatan för att fotografera deras islamist som en stund tidigare attackerat mig. Dessutom ligger det inte i medias intresse att visa på att muslimska utländska män tar på en svensk kvinna.

"Det får stå för dig, det är inget jag har åsikter om, vad beträffar poliser i tjänst vid tillfället de har inte sett något". Då ljuger dom, dom såg, har du suttit ner med dem och frågat ut dem?

"Nej det har jag inte gjort och det kommer jag inte att göra, de har lämnat skriftlig redogörelse, jag tänker inte prata med dom". Jag anser att du har gjort ett mycket undermåligt arbete, du är i min tjänst och ska upprätthålla lagen, så med ditt beslut att lägga ner mitt ärende ser jag att det är fritt fram för utländska muslimska män att ta på svenska kvinnor.

"Det är din tolkning". Det är ingen tolkning det är ett konstaterande och samma konstaterande gör såklart de muslimska männen.

"Det är din tolkning". Nu vill jag att du lägger till i min "akt" att jag över huvud taget inte har någon som helst tilltro till polisen, ni samarbetar med islamister.

"Vad är ärendenumret?" Så bra då skriver du in det.

"Ja det gör jag". Bra, men i övrigt har jag inget att tacka dig för. Hej då!

Vad lär vi oss av detta? Precis som ovan kan man med all tydlighet konstatera att polisen är politiskt styrd, polismakt tillsammans med islamister är sammanflätade och går hand i hand, medan media tittar på. Svenska kvinnor bör inse fakta och skyndsamt sälla sig till oss som bygger ett svenskt Sverige. Det är alltid bra att ha någon på sin sida, vem har Du på din?

JALLE HORN
11 mars 2019

Angående klansamhället

Går vi mot ett slags klansamhälle i och med att den svenska socialliberala staten och dess välfärdsåtaganden krackelerar? Vad måste vanliga svenska individer och familjer göra i ett sådant läge?

I alternativradion talades det nyligen om den krackelerande svenska välfärden samt alla politikers ursäktanden och lögner. Samtidigt öser politiker nämligen pengar över meningslösa projekt såsom klimatåtgärder, bistånd, s.k. minoritetsprojekt, invandring m.m. för att smöra in sig till positioner i det internationella etablissemanget. Programledaren ställde då följdfrågan om vi ser en tendens mot ett klansamhälle i politikerklassen.

Vi ser nämligen hur klaner börjar etableras på allvar i Sverige. Det rör sig om kriminella ligor som nuförtiden har förgreningar ända in i kommuners bidragsbetalningar. Det rör sig om familjer med framträdande ekonomisk position. Det rör sig om högt uppsatta personer i offentligheten som ingår i globalistiska nätverk. Det rör sig om lobbygrupper. Det rör sig om stora företag som gör sina anställda till en sorts medborgare i själva företaget. Det rör sig om olika invandrargrupper. O.s.v.

Han som blev intervjuad ville inte gå så långt som att säga att politikerklassen börjar bli en egen klan. Han gjorde ingen utläggning varför, men man kan nog konstatera riktigheten däri. Än så länge är det enskilda personer eller grupper av politiker som lite dolt börjar ingå i klanlika nätverk, inte större delen av det politiska etablissemanget. Men faktum är att det är en het potatis.

Vad kommer att ske när en stor grupp sossar e.d. överger partiet för säkrare tjänster internationellt (sådana som Margot Wallström har redan gjort det, och jag är övertygad om att de ser vartåt de osäkra vindarna blåser och vill skydda sitt skinn)? Vad kommer att ske ifall överstatligheten kommer att öka markant och

Sverige bli en del av en internationellt styrd federation? Eller för delen, om det sker en kraftig kommunsammanslagning i Sverige, d.v.s. en sorts överstatlighet inom landet? Jo, de politiker som inte fick de trygga tjänsterna ett snäpp upp blir plötsligt avpolletterade och utan funktion. De har då blivit blåsta. En stor grupp mäktiga personer kommer då att bli mycket besvikna och säkert redo att gå emot sina tidigare "chefer".

Frågan om klaner är mycket intressant – om man vrider på den lite. Klansamhället, d.v.s. en sorts stater i staten, ökar markant i och med att den demokratiska, social-liberala staten har börjat sluta fungera. Välfärden sjunker i kvalitet, klyftan mellan politiker och medborgare ökar; politiken blir korrupt; media och politikerklass växer samman; politiker och media lyssnar inte på medborgarnas röster såvida de inte överensstämmer med den på förhand bestämma politiken; friheten blir en chimär då övervakningen ökar, kontanter får användas allt mindre och åsiktskorridoren krymper; oheliga politiska allianser bildas; tilliten i samhället sjunker rejält; och så vidare.

Det vi vanliga medborgare måste göra i den situationen – och det är något som nödvändigtvis kommer att ske om det rullar på som det gjort de senaste åren – är att inte bekymra oss om vad politiker, journalister, företagare o.d. gör utan att se oss om efter egna klaner. När staten inte kan eller vill gå in som fullgod garant för svenska individers och familjers trygghet, så måste den tryggheten säkras på annat håll. Det är inte omöjligt att statsmakten snart öppet visar sig fientligt inställd mot sina svenska medborgare, vare sig de vill vara diktatorer eller oligarker, eller faktiskt vill mörda dem. Folkutbytet har pågått länge nu och hela tiden mörkats, välfärden för svenskar ser man lätt på, invandrare får privilegier. Det kommer kanske att komma en tid snart när politiker öppet konfronterar svenska folket med aggression.

Då kommer svenskar att behöva sina klaner att luta sig tillbaka mot och ty sig till. Tillsammans kan en sådan klan klara sig, men ensamma kommer svenskar att gå under när våldet ökar, staten sanktionerar och välfärden är ett minne blott. Det finns säkert många sammanslutningar av svenskar som har gjorts i det tysta runt om i landet, men det är inte många som mer öppet har tagit det steget.

Det fria Sverige är här ett gott föregångsexempel. Än så länge är det bara en förening, men om tiderna hårdnar blir det naturligt att en sådan förening blir något av en klan. Huruvida vi ska hoppas på en utveckling emot klansamhället är något helt annat. Även om vår stat, vårt styrelsesätt, vår politiska kultur och vår mediala situation är rutten i vår tid och därför behöver en stark förändring är det inte säkert att ett strikt klansamhället är att föredra.

Vi får se vad framtiden har i sitt sköte. Men tänk på det, kära läsare, passa på att knyt kontakter till väl valda grupper och föreningar innan det är för sent.

REDAKTIONEN
11 mars 2019

Regeringen upphäver mötesfriheten

Regeringen gick under kvällen ut i en pressträff där man förklarade att man gör inskränkningar i grundlagen för att hindra smittspridning av coronaviruset. Inskränkningarna innebär att det numer är förbjudet att anordna sammankomster med 500 eller fler personer.

Det är regeringen som under kvällen gick ut i en pressträff och försökte försäkra Sveriges befolkning att man gör det man kan för att förhindra att coronaviruset sprider sig allt mer. Folkhälsomyndigheten har rått regeringen att ta vissa åtgärder. En åtgärd som folkhälsomyndigheten har ansett vara av stor vikt är att människor inte ska ansamlas vid större event eller demonstrationer.

Regeringen som ansåg att folkhälsomyndighetens råd var att följa har nu beslutat sig för att att göra inskränkningar i svensk grundlag. Mötesfriheten har blivit åsidosatt och det är härmed förbjudet att anordna sammankomster, fester, spelningar, konserter, föreläsningar, demonstrationer eller andra allmänna sammankomster. Detta är ingen rekommendation utan det är brottsligt att inte följa de nya reglerna. poängterade justitieminister Morgan Johansson vid regeringens pressträff.

Att staten numer lägger in en extra växel för att försöka hindra den våldsamma smittspridningen av coronaviruset kan vara uppseendeväckande och regeringen hoppas att svenska folket ska förstå.

Förstå kommer förhoppningsvis svenskarna göra en vacker dag. Att regeringen och folkhälsomyndigheten har varit för ineffektiva, för långsamma och för fega för att ta de åtgärder som krävs vid pandemier. Folk kommer förstå varför vissa åtgärder kommer att tas, men folket kommer inte glömma vilka det är som kunde hindrat planen att landa med viruset. Att man hade kunnat kolla samtliga resenärer som flyger, åker bil, går eller cyklar över Sveriges gränser.

MAGNUS SÖDERMAN
11 mars 2019

Systemet kommer aldrig lära sig – därför måste det bort

Så kom beskedet om det första dödsfallet som ett resultat av coronaviruset i Sverige. Kort därefter meddelar Världshälsoorganisation att coronaeländet nu kvalificerar sig som en pandemi. Det är dags att hålla i sig ordentligt för nu kan vad som helst hända. Svenska myndigheter däremot, tar det lugnt. Så trots att de vid det här laget borde ha lärt sig.

En revolution – hur rättfärdig den än må vara – i samband med en pandemi känns inte som en bra idé, varför jag tänker att vi kanske ska rida ut den här stormen innan. Men ett är säkert för var och en som har öron, ögon och tankeverksamhet. Sveriges regering och berörda myndigheter är klåpare av sällan skådat slag. Ja, hela systemet – den liberala demokratin – klarar inte kriser eller större utmaningar.

Tag bara en presskonferens jag såg på idag. Det var MSB, Folkhälsoinstitutet och några andra tunga myndigheter. Ett fruntimmer som fått frågan om ansvar lät meddela att "vi alla delar på ansvaret för…". Vad det nu handlade om minns jag inte. Däremot drog jag öronen åt mig för vis av erfarenhet vet jag att delat ansvar är ingens ansvar. Alltså har ingen ansvar för coronakrisen i Sverige. Det absolut värsta som kan hända för Steffe och hans gäng är att de inte får nytt förtroende efter nästa val. Och är du myndighetschef eller statsepidemiolog kan du säga och göra precis vad som helst, har vi lärt oss.

Ena dagen kan livet tuffa på som vanligt, andra dagen ska folksamlingar över 500 deltagare förbjudas. På måndagen är flygplan från Iran inga problem, på tisdagen måste de stoppas. Veckan innan sportlovet är det fritt fram att resa till Italien, sedan fritt fram att åka hem … sedan gick det åt helvete på den fronten också. Men de inkompetenta blir kvar och levererar förnumstiga rekommendationer i alla fall. I slutänden har de inget individuellt ansvar i alla fall. Och om folk reser ragg mot dem, ja, då är det mobbning och ryska troll som är i farten.

Tro mig, jag har full respekt för att det är svåra beslut och avvägningar som måste göras. Man kan inte bara stänga ner landet. Konsekvenserna om man rusar åstad kan bli långt mycket värre än själva orsaken till att man gör det. Inte heller får man sprida panik bland befolkningen. Förstår man det minsta lilla om massans psykologi så vet man hur farligt det är.

Men med det sagt finns det mycket man kunde ha gjort utan att det hade varit alarmistiskt eller överdrivet.

Exempelvis kunde man stängt gränsen – vilket Israel nu har gjort – och sagt att vi kommer hålla den stängd ett tag framöver. Man kunde också gett f-n i att döda den svenska beredskapen för svårare tider. Istället gjorde man oss beroende av globalistisk on time-delivery, vilket gjort en gränsstängning till en omöjlighet.

Man hade också kunna råda befolkningen i ett mycket tidigare skede att vara mer vaksamma och tillbakadragna. Det är lite sent att komma med det nu kan tyckas. Och även om det – vilket myndigheterna hävdar – inte spelar någon roll för spridningen så hade det i vart fall fått folk att känna lite tillit. Självfallet kunde man också, omgående, avvecklat karensdagen. Men det tog sin modiga tid.

Jag är övertygad om att smittspårning o. dyl. har varit proffsigt genomförd och till gagn för oss. Men jag är lika övertygad om att vi inte hade varit i den situation vi är om myndigheterna hade agerat istället för att vela från start. Därtill hade situationen också varit bättre om berörda parter tänkt så här: "Okej, nu var vi steget efter igen. Låt oss försöka vara steget före i fortsättningen." Men man har konsekvent tänkt och agerat precis tvärt om.

Till syvende och sist kokar det ner till den liberala demokratins oförmåga att hantera kriser. Inför skarpa lägen är det bara flum. Ingen sätter ner foten, ingen pekar med hela handen. Jag har konstaterat det förut och gör det igen. Det finns en orsak till att företagsledare har makt att bestämma och agera; det säger sig självt varför läkaren som opererar inte måste vänta på omröstningar och remisser från övriga som finns i operationssalen. I militären har man strikt ordergång från start, och ännu striktare i skarpa lägen. Då lyder man order.

Vidare har företagsledaren, läkaren och befälet också ansvar, fullt ut för de beslut som fattas (nåväl, långt mer ansvar än Löfven i vart fall). Detta vet man från att man ger sig in i leken och ingår i utbildningen att lära sig hantera detta. Men av någon outgrundlig anledning så ska vi tro att den liberala demokratins handlingsförlamande principer är bäst lämpade att hantera kriser som drabbar en hel nation?

Vidare, vilket gör det hela ännu värre. När Expressen frågar statsepidemiolog om det inte är en god idé av företag att hålla personal hemma svarar vederbörande att staten måste ta hänsyn till jämlikhetsfrågan också. Har inte alla lika rätt att vara friska? Så lyder hans kontring. I jämlikhetens namn kommer staten inte göra som i Italien, i Danmark och på flera andra platser. Detta har inget med smittskydd att göra utan vänsterliberal doktrin.

Med detta i åtanke måste följande gälla. När vi ridit ut coronakrisen (det kommer vi göra, tro mig) så måste vi driva igenom en grundläggande reformering av hur vårt land sköts. Jag inledde med ordet revolution och det är precis vad som behövs. Förslagsvis dock en oblodig sådan.

Tills dess är jag i alla fall glad över att vara en del av en gemenskap av likasinnade fria svenskar. Jag vet att om vi får ett läge likt Italien, med karantän och allt som kommer av det; om ekonomin sätts i gungning eller det blir ordentligt oroligt i landet, så har jag och min familj en bra skara män och kvinnor att luta mig emot. Vi kommer ta hand om varandra vad än som kommer. Jag är trygg i att Det fria Sveriges nätverk i mitt närområde gemensamt kommer rida ut stormen.

Sedan Det fria Sverige grundades har vi uppmanat alla som velat lyssna att använda föreningen som en grund att bygga vidare lokalt ifrån. Alla som hörsammat detta kan idag känna en relativ trygghet och lugn. Vi kan inte bota virus eller ta det ansvar som är statens eller kommunens, men vi kan finnas för varandra och göra vardagen enklare. Vi kan fokusera våra resurser och gå framåt gemensamt. Ensam är inte stark när krisen kommer och ensamma är vi inte. Ett samtal bort finns mina fränder, redo att ställa upp. Också jag är ett samtal bort från dem, redo att rycka ut om de behöver något.

Hoppas på det bästa och planera för det värsta. Staten kan däremot dra åt h-vete!

DANIEL FRÄNDELÖV
12 mars 2019

Arbetsmiljöverket stoppar dispens för skyddsmask

Med tanke på spridningen av coronaviruset i Sverige har Myndigheten för samhällsskydd och beredskap (MSB) begärt dispens för att få använda skyddsmask 90, som finns i stora lager och skulle kunna börja användas direkt. Det vore ett mycket bra skydd för den blåljuspersonal som riskerar att utsättas för viruset, men Arbetsmiljöverket säger blankt nej. Masken saknar nämligen korrekt EU-märkning.

2018 stoppades användningen av skyddmask 90 av Arbetsmiljöverket eftersom den inte hade korrekt EU-märkning. Masken ger ett mycket bra skydd mot virus och därför begär nu MSB en allmän dispens för att låta ambulans, polis och räddnings-tjänst använda den. Men Arbetsmiljöverket säger blankt nej och säger istället att man måste söka dispens i varje enskilt fall, trots att MSB varnar för en potentiell kris där masken skulle vara till stor nytta.

"Sverige står nu inför en potentiell kris där skyddsmask 90 skulle kunna spela en viktig roll för samhällskritisk personal, och MSB anser därför att det finns skäl för arbetsmiljöverket att återigen pröva förutsättningarna för en dispens från gällande regelverk."

Räddningstjänsten i Storgöteborg samt Östra Skaraborg har skickat in begäran om dispens och fått det och kan därmed börja använda masken, och fler regioner för-väntas göra detsamma. Men det kommer ta tid. Tid som Sverige inte riktigt har. Det finns 750 000 masker i landet som anses vara en av de bästa skyddsmaskerna i världen. Men dessa kan ännu inte användas, på grund av en så pass i sammanhanget obetydlig detalj som en märkning från EU. Det har alltså inget med maskens funk-tion att göra. Förhoppningsvis ansöker samtliga aktörer om dispenser så att dessa masker kan användas för att förhindra smittspridning så fort som möjligt.

MAGNUS SÖDERMAN
11 mars 2019

Förvirringen på vårdcentralen vittnar om ett samhälle utan styrning

Tilltron till staten och dess förmåga att hantera coronakrisen har fått sig rejäla törnar de senaste veckorna. Det beror inte på ryska troll eller alarmister utan snarare på dem själva. Det riktigt skrämmande är dock om det vi ser bara är toppen på isberget.

Jag vågar hävda att så är fallet och det gör jag dels av erfarenhet, men också av information jag fick mig till livs häromdagen. Det hela kommer från en mycket trovärdig källa med insyn på en specifik vårdcentral i vårt avlånga land. Denna är geografiskt placerad i en av de värst coronadrabbade regionerna men utan att viruset fått spridning i närområdet. De befinner sig alltså litet bakom fronten. Man antar då att olika rutiner och förberedelser görs utifrån riktlinjer från myndigheter. Ack så man bedrar sig.

Det stora problemet för verksamheten är att man inte får klara besked från de myndigheter som har som uppgift att ge klara besked. Folkhälsomyndigheten säger en sak, medan Smittskyddsinstitutet säger en annan. Vem av dem ska man lita på? När inte ens "experterna" är överens om hur vårdcentralen ska agera så kommer resultatet bli lite av varje eller inget av något.

Det säger sig självt för vi kan inte förvänta oss att allmänläkaren på golvet, eller distriktssköterskan, ska kliva fram och ta kommandot. Hur skulle de kunna göra det? Så nu sitter de där och försöker göra sitt bästa. Informationen är bristfällig och motsägelsefull. Finns det ens sjukvårdsmateriel så det räcker? Kommer man kunna beställa mer? Det vet man inte. Ingen vet verkar det som.

Därtill kommer bristen på kunskap om viruset i sig. Myndigheterna säger emot varandra i de direktiv som kommer ut. Frustrationen är enorm och osäkerheten nästan förlamande. Visst skulle en mellanchef kunna kliva fram och söka egna vägar tillsammans med andra. Allmänläkare kan försöka finna information hos kollegor i drabbade länder för att försöka förstå hur de ska agera. Men de vet att om de går emot de centrala myndigheterna så är det deras huvuden som ryker.

Vi kan inte skylla på vårdpersonalen och det är viktigt att komma ihåg dagarna framöver. De gör vad de kan med de verktyg de fått. Tyvärr är verktygen undermåliga från start. Annat har inte varit att vänta eftersom det beror på ett systemfel som västerlandet länge marinerats i. Hur ska vi kunna förvänta oss ett resolut agerande av människor och myndigheter som anammat en verklighetsförnekande doktrin?

Minns när Tjernobyl exploderade. In i det längsta hävdade myndigheterna att det som hänt inte hade hänt, och hade något hänt så var det i princip ofarligt. Hur kunde man? Jo, eftersom det var viktigare för regimen att upprätthålla lögnen om kommunismens ofelbarhet, än att rädda liv.

I Sverige idag är det värre än så. Hur ska man annars ta det som statsepidemiologen Anders Tegnell sa till Expressen häromdagen? Utan krusiduller konstaterar han att det är viktigare att upprätthålla jämlikhetsdogmen än det är att stoppa spridningen av coronaviruset. Samma sak kan man fundera kring detta med skolan: folksamlingar med fler än 500 deltagare är förbjudna, men skolor med 500 eller fler elever är det fortsatt tvinande att skicka sina barn till.

Men vad förväntade vi oss? Att upprätthålla den onaturliga och kontrafaktiska vänsterliberala doktrinen är viktigare än allt annat för stat och myndigheter. Sverige är extremt när det kommer till detta och frågan är hur långt det måste gå innan åtgärder vidtas.

I Sverige har vi vår egen katastrofernas konvergens i form av en vänsterliberal konsensus parad med den moderna människans ovilja att ta ansvar. Allt auktoritärt är ju av ondo (utom när det gäller att upprätthålla doktrinen förstås). Ingen kliver fram och pekar med hela handen. Ansvaret är allas, och därför ingens.

Det är i kriser som dugligheten sätts på prov. Liknelsen med äktenskapet får duga här. Kanske tror både maken och hustrun att allt är som det ska, att kärleken och passionen finns där. De tror de drar åt samma håll. Men så slår krisen till och snart nog visar det sig att de levt i en lögn. Inför prövningen krackelerar fasaden och bakom den fanns inget alls.

Det är vad vårt samhälle går igenom i detta nu. Och det är inte första gången. Under "flykting"-krisen 2015 såg vi något liknande. Den gången lyckades man hålla samman det hela, men det var på håret. Det är möjligt att man lyckas denna gång också. Allt beror på vad som sker de närmaste veckorna. Illavarslande är det dock att doktrinen är det grundläggande, inte människors väl och ve.

Ett annat exempel från de senaste åren bevisar detta, om någon nu fortsatt tvekar. För inte så länge sedan föreslog regeringen en lag som skulle göra det möjligt för barn (omyndiga) att byta kön utan föräldrarnas medgivande. Det var doktrinen, inte omtanken om människan, som drev fram denna galenskap. Doktrinen framför allt går igen i de öppna gränsernas politik, i feminismen – ja listan kan göras lång.

Kvar "på golvet" i verkligheten finns vi, som kommer att betala priset. Ska man vara sådan så kan man förvisso finna tröst i att ett virus i vart fall inte kan stoppas av de säkerhetsarrangemang som makten ordnat för att själv slippa konsekvenserna av sin politik. Men lejonparten av bekymren som väntar kommer läggas på vanligt folks axlar.

Kvar sitter frustrerad sjukvårdspersonal på vårdcentraler och sjukhus runt om i Sverige, utan någon möjlighet att göra det jobb de brinner för, på grund av att doktrinen har företräde. De vet vad som väntar och de vet att de kommer tvingas möta människor till vilka de kanske inte kan ge vare sig svar eller vård.

Det viktiga är ju, trots allt, jämlikheten.

DANIEL FRÄNDELÖV
13 mars 2019

EU vill muta migranter vid turkiska gränsen att åka hem

Mängden migranter som fastnat mellan Turkiet och Grekland blir en allt större huvudvärk för EU. Nu försöker man helt enkelt muta personer för att de ska göra det vi alla vill att de ska gör – återvända hem.

Morot är bättre än piska sägs det. Och detta tar EU nu till sig när man erbjuder de migranter, främst somalier och afghaner, som fastnat mellan Grekland och Turkiet en rejäl summa pengar för att ge upp drömmarna om Europas välfärdssystem och istället ge sig tillbaks dit de kom ifrån. De migranter som kommit bara för att få mer pengar, så kallade "ekonomiska migranter", erbjuds hela 20 000 euro, över 20 000 kronor, för att återvända. Detta är en del i "EUs program för frivilligt återvändande", men summan är fem gånger högre än vad den brukar vara. Erbjudandet gäller bara under en månads tid eftersom EU befarar, med rätta, att det även kan dra fler migranter till gränsen. Migranter som bara är ute efter mutan. Socialdemokraten Ylva Johansson är EUs migrationskommissionär kallar detta för ett "möjlighetens fönster" och säger även att pengarna inte kommer ges till "flyktingar", eftersom dessa inte har något hem att återvända till.

Flyktingar blir ekonomiska migranter?
Vi får se hur många som nappar på erbjudandet, men en kvalificerad gissning är att många flyktingar plötsligt kommer att komma på att de visst har ett hem att vända hem till och att det där kriget inte alls var så farligt, så länge de får sina 2000 euro. Det sticker säkert en och annan i ögonen att erbjuda denna sortens muta, att EU-pengar som i grund och botten är skattepengar, används för att betala oinbjudna gäster. Men alternativet är betydligt mycket dyrare. Varje migrant som lyckas ta sig in i Europa kostar betydligt mer än 2000 euro, särskilt om de lyckas rota sig.

Det är inte pest eller kolera. Det är lätt förkylning eller covid-19. EU har valt förkylningen.

LUDVIG DELIN
13 mars 2019

Polisen kan komma att strunta i stölder och bedrägerier

Polisen har nu upprättat en krisplan ifall coronaviruset får en stor utbredning i det svenska samhället. Man förbereder sig för att uppemot två tredjedelar av personalstyrkan kan vara borta från arbetet. Antingen i sjukskrivning eller i en kommande karantän. I krisplanen finns det en prioriteringslista vilka brott som ska prioriteras bort från arbetet. Men vad händer egentligen när polisen blir färre och de tvingas prioritera ned brott?

Polisen träffar och hanterar människor i sitt vardagliga arbete. Detta gör polisen till en utsatt yrkesgrupp i ett samhälle vars befolkning bär på coronaviruset. Ju fler som smittas desto svårare blir det även för polisen att inte utsättas för smitta. Att även poliser kommer att bli smittade av coronaviruset är nästintill ett faktum och personalbortfall för kåren är att vänta (ett faktum i Skövde i skrivande stund).

Därför har polismyndigheten tagit fram en prioriteringslista vid krissituationer likt stort personalbortfall. En lista med brott man helt enkelt får strunta i att utreda för att det inte finns personal nog att hantera dessa fall.

Det som bortprioriteras
Allmän service är det första som får stryka på foten vid en sådan händelse. Passexpeditioner och receptioner kommer att stängas. Sedan kommer så kallade mängdbrott att bortprioriteras. Mängdbrott är till exempel: stölder, bedrägerier och trafikbrott. Polisen gick ut härom dagen och förklarade att man slutar med nykterhetskontroller för att slippa utsättas för eventuell smitta.

Det som prioriteras
De delar som polisen kommer att prioritera vid en krissituation inom personalen är utryckningar, gränskontroller och brottsutredningar som är så allvarliga att man häktar misstänkta gärningsmän. Efter detta i prioriteringslistan kommer polisen fo-

kusera på brott där det figurerar barn eller ungdomar. Sedan på allmänt grova brott men även så kallad bevakning av högriskarrangemang. Det vill säga till exempel högriskmatcher och demonstrationer.

Folkhälsomyndigheten har tidigare gått ut med att man har velat se att regeringen och staten stramar åt mötesfriheten för att förhindra smittspridning. Någonting regeringen beviljat och infört förbud för offentliga arrangemang på 500 personer eller fler. Det är upp till polisen att se till så att det åtföljs.

– Jag vet inte hur fasiken det skulle gå till. Polisen är ju underbemannad redan nu. Man kommer också behöva töja på arbetsmiljökraven tror jag. Folk får jobba längre pass, mindre vila mellan passen, kommenterar en polis nyheten i Expressen.

Konsekvenser
Någonstans finns det sannolikt en lättnad hos polisen. Nu kan polisen alltid hänvisa till corona när man undrar varför de inte sköter sitt arbete. Ett arbete som i åratal inte har kunnat skötas på grund av mångkulturell kriminalitet och gjort att myndigheten lagt utredningar på hög eller tittat åt ett annat håll.

Visst är det surt att polisen redan har det kämpigt att upprätthålla lag och ordning utan en pandemi på halsen. Med en minskad personalstyrka och att man vid behov kommer att skita i en hel del brott öppnar upp för en hel del hemskheter. Dels så kan detta sätta igång en brottsvåg i efterdyningarna av coronaviruset, men än värre. Det kan cementera oförmågan att lösa brott begångna av icke-svenska grupper.

Ja, jag må vara systemkritiker och är nog även jag påverkad av min miljö. Men jag kan inte blunda för att vid en eventuell kris och i dess efterdyningar så kommer polisens agerande, eller snarare brist på agerande, leda till ökade brott från alla de kategorier av människor som toppar brottsstatistiken. När de har höjt sin nivå på sitt egna kaosande, kommer det bli oerhört svårt för polismakten att sänka det igen. Någonsin.

Vad det på sikt kan leda till borde kanske skrämma mer än coronaviruset. För lämnar polisen helt walk-over för främlingarnas brott en gång, så kommer det krävas en svensk motsvarighet till BOPE och pansarvagnar för att återfå auktoriteten i utsatta områden.

Polisens förberedelser vittnar om att de förbereder sig för en orolig framtid. Är det eventuella matupplopp, eller kanske att svenskarna faktiskt inser att det är på grund av den "demokratiska" toleransen och öppna gränser-politik som möjliggjorde coronavirusets intåg i de svenska hemmen, som polisen gör sig redo för? Eller är det alla de mängdbrottspersoner som man struntar i att lagföra som kaosar i någon förort?

Den som inte har hostat ihjäl sig lär få se. Men en sak är säker. Coronavirus eller ej, dagens polismakt kommer alltid att prioritera ett skydda makten. Inte att skydda folket.

En polismakt som prioriterar bort brott utförda av främlingar, mot svenskar; en polismakt som kommer slå ned folk när vi protesterar mot politikerna som gett oss svenskfientlighet, pissrån och pandemier; det är ingen polismakt vi vill ha.

JOHAN SVENSSON
14 mars 2019

Mina barn och andras ouppfostrade skitungar

Dagens moderna barnuppfostran verkar innebära att låta barnen bete sig precis hur illa som helst, och ve den som vågar säga något. Då väntar utskällning av föräldrarna. Johan Svensson har en något förlegad syn på barnuppfostran – nämligen att barn ska sköta sig. Och även om denna auktoritära syn på barn inte är speciellt populär är det många som i hemlighet tittar på Johan med avundsjuka.

Det upphör tyvärr aldrig att förvåna mig hur många olämpliga föräldrar det finns där ute. Det märks främst på deras ouppfostrade barn. Det är för mig obegripligt att så många föräldrar nöjer sig med en slapp nivå på sin uppfostran. Deras barn är olydiga, uppkäftiga och har noll respekt för sina föräldrar. Tydligen är det helt ok det nuvarande året. När jag själv fick barn för ett antal år sedan trodde jag att den här idén om så kallat "fri uppfostran" var något som vi lämnat bakom oss tillsammans med det flummiga 1970-talet, men tydligen inte. Många ungar härjar synbarligen fritt utan att någon ansvarig förälder ens lägger märke till det eller bryr sig.

Jag vill ha ordning och reda i min flock. Det är inte konstigare än att familjen fungerar bättre om alla beter sig civiliserat mot varandra och de vi umgås med. Det är väl det jag tycker är det konstigaste; föräldrar som inte uppfostrar sina barn, vill de inte kunna ha med dem ut bland folk? Vill de inte kunna röra sig ute med dem utan att behöva skämmas? Detta hindrar dem förstås inte från att ta ut sin familjecirkus på turné och förpesta livet för alla de möter. Vi har alla sett dem. På bussar, flyg, restauranger, lekparker och så vidare. Nej, jag menar inte alla invandrarungar (de är ett kapitel för sig) utan jag pratar om svenska barn med svenska föräldrar. Har vi helt tappat förmågan att uppfostra våra barn och upprätthålla ett minimum av disciplin?

Med tiden har jag insett att det som jag själv anser vara självklart anser andra vara en synnerligen auktoritär uppfostran. Ni vet – ät vad som serveras, avbryt inte, fråga snällt, tvätta händerna, lyssna när vuxna pratar, duka av bordet, gnäll inte i onödan, inget skrik och gap tack. Riktigt högerextrem barnuppfostran som ni förstår. Några vänner till oss är också småbarnsföräldrar. Nyligen berättade min bättre hälft en riktigt rolig historia om dem och deras bristande uppfostran. Pappan i familjen klagade till sin fru över att ungarna inte gjorde som de var tillsagda. "Vi måste ha bättre koll på ungarna. Jag önskar att vi kunde vara strängare mot dem. Som Johan är". Hans fru hade då tittat förfärat på honom och han fick snabbt ändra sig: "Ok, kanske inte riktigt så stränga då, men du förstår vad jag menar". Tydligen är jag ett huskors för min familj. Men jag tar det som en komplimang.

Dessbättre är jag inte den ende med dessa tydligen hopplöst daterade och reaktionära idéer om att barn ska vara väluppfostrade. Min vän E och hennes man har uppfostrat två fina barn och de har samma obefintliga tålamod med ouppfostrade ungar som jag har. Deras barn går på en skola som arbetar väldigt aktivt och proaktivt mot mobbning. Därför delas klasserna upp i så kallade trivselgrupper om fyra eller fem barn med tillhörande föräldrar som ska turas om att bjuda hem varandra på middag och lek. I höstas fick läraren i en av E:s döttrars klass hjärnsläpp och satte ihop en grupp med barn som inte alls leker bra ihop. Det inkluderar E:s dotter, en vanlig och snäll kille, en introvert kille och en flicka med alla bokstavskombinationer du kan tänka dig plus extra pommes. Trivselgruppen har kort sagt inte varit trivsam. E:s dotter trivs inte med något av de andra barnen, den snälla killen vill bara spela fotboll, den introverta killen vill vara ifred och bokstavstjejen finner stort nöje i att plåga den introverta killen. På en middag hemma hos bokstavstjejens familj var det fullkomlig kalabalik. E:s dotter hade långtråkigt, den snälla killen hade långtråkigt och bokstavstjejen härjade som Djingis Khan i Turkestan och sprang omkring och skrek och jäklades med den introverta killen som bara försökte äta sin middag. Ingen av de vuxna sa någonting. Ingen av hennes föräldrar reagerade. Bråket mellan henne och hennes offer blev mer och mer högljutt. Ljudnivån ökade, de vuxna försökte konversera, barnbordet hade havererat fullkomligt och E:s nerver spändes hårdare och hårdare tills…

"Men nu får ni väl för i h*lv*t* ge er! Sluta springa runt, sätt er ner, var tysta och ät för f*n"!

Tystnaden blev total. Flickan stirrade storögt på E, gick och satte sig och det var tyst i rummet. Knäpp tyst. Så började föräldrarna småprata igen och vreden släppte så sakteliga och E insåg vad hon hade gjort. Så surrar hennes mobil till. Meddelande från hennes dotter. "Bra jobbat mamma. Verkligen. Kan vi gå hem nu?" Jo, då var det bara att tacka för sig och tänka på refrängen. E fick ha ett terapisamtal med mig och berätta vad som hade hänt och jag tröstade henne med att jag hade gjort likadant.

En kompis till min mamma bor i Göteborg och hade bestämt sig för att hon skulle åka Paddanbåtarna. Det är guidade turer som går på Göteborgs kanaler och ute i

Göta Älv som berättar om stadens historia. Hon hade inte åkte dessa på många år och ville se hur det var. Med på båten var det en familj med två barn som skrek och levde rövare. Ingen sa något. Inte guiden som fick prata högre och högre, ingen av de andra gästerna och framför allt inte föräldrarna. Till sist tröttnade hon och sa till barnen att nu får ni minsann allt vara tysta för att ni stör. Det skulle hon inte ha gjort. Min mammas kompis är en liten tant på cirka 70 år som aldrig gjort en fluga förnär. Det höll på att bli handgemäng mellan henne och föräldrarna som tog fruktansvärt illa vid sig av att hon hade mage att säga till deras barn. "Men ni hade ju kunnat säga till dem själva", säger hon då. "Det avgör vi", dundrade den indignerade fadern, högröd i ansiktet.

Ja jisses. Om ni tror att barnuppfostran är en intern angelägenhet inom familjen har jag dåliga nyheter. Det är fel. Barnuppfostran är och har alltid varit en kollektiv uppgift. Det är upp till dig att sätta reglerna inom din familj men så fort ni ger er ut bland andra människor så kommer ni att behöva visa hänsyn. Då får man räkna med att ens barn kan bli tillsagda om man själv inte har koll på sin familj, vare sig man gillar det eller inte. Annars går det utmärkt att stanna hemma.

Vi har en favoritkrog som vi är stammisar på. Dagar då vi verkligen inte orkar laga mat eller middagsplaneringen har gått i stöpet är det skönt att gå dit och bli omhändertagen. Skippar man vin och öl och sådant kan man komma undan till en rimlig penning. Personalomsättningen är väldigt låg så det är trevligt nog samma glada ansikten man möter år ut och år in. Detta medför också att personalen känner ett personligt ansvar för stället som jag inte tycker att man ser så ofta ute i krogvärlden. En dag när vi var där och åt var det ett ganska stort sällskap med familjer som åt i den andra änden av lokalen. Deras barn var ärligt talat inget vidare. De klagade på maten, var ganska högljudda och hade svårt att sitta på sina platser. Givetvis sa ingen förälder till dem att skärpa sig. Vår servitris, Anna, skakade på huvudet när hon kom bort till vårt bord och vi led med henne. Så blev det dags för dessert. Barnen ratade allt som finns på menyn och föräldrarna hänvisade barnaskaran till att prata med Anna om eventuella specialarrangemang. En tjock liten pojke skickas fram som förhandlare för skaran. Anna har till sist gett upp och frågar: "Ok, men vad skulle ni vilja ha då"? "Ge oss bara glass", svarar tjockisen. Inget tack. Inget snälla. Anna nickar, ställer ifrån sig traven med tallrikar som hon håller på att duka ut framför en av föräldrarna, lägger armarna i kors och tittar ner på pojken. "Kan du säga snälla", frågar hon? Han står som fallen från skyarna och tittar villrådigt på sina föräldrar som inte kan tro sina öron. Anna plockar upp traven med tallrikar igen, säger "Jag låter dig fundera på det en stund" och går ut i köket. Som en drottning. Det är oklart om hon fick någon dricks men ibland har pengar inget värde. "Var det skönt"?, frågar jag när hon kommer förbi vårt bord igen. "Vad tror du?", svarar hon ljuvt.

Så, kära läsare, var inte en av de här hopplösa människorna som inte ser, inte hör och inte bryr sig om vad dina barn gör. Tänk på att det du skickar med i form av en god uppfostran kommer att sitta som en extra ryggrad hos dina barn och de kommer då i sin tur att föra detta arv vidare till sina egna barn. Men om du är slapp så kommer du att få slappa barn och barnbarn. Kom ihåg att dina förfäder ser dig. Vilken familj vill du visa upp för dem? Och vilken familj vill du skicka in i framtiden?

MAGNUS SÖDERMAN
14 mars 2019

Öppna gränser var en riktigt dum idé – kan vi enas om det nu?

Land efter land stänger nu sina gränser. Det är desperata försöka att hålla coronaviruset i schack. Svenska myndigheter och av dem utsedda experter hävdar dock att det är fel, vilket stärker sannolikheten att det är helt rätt. Återstår att se om vi lärt oss något när väl krisen blåst över.

Jag vill minnas att det var en Chesterton – antagligen G.K. Chesterton – som för att försöka förklara vikten av traditionen, även när den verkade obegriplig, hade en bra liknelse. Jag kommer inte ihåg liknelsen annat än dess huvuddrag. Jag kan inte mäta mig med honom, men poängen kommer nog gå fram.

Du ärver ett hus långt ute på landsbygden från en dittills okänd släkting. Med familjen i släptåg åker du dit och finner en vacker släktgård med boningshus, lador, bodar och garage. Runt hela gården finns ett avancerat stängsel som avgjort är fult. Ganska omgående bestämmer du dig för att stängslet och den låsta grinden ska bort. Varför inte, vad finns det att stänga ute i en svensk idyll? Grannarna verkar ju fullt normala och inte heller de har någon aning om varför stängslet finns där.

Sagt och gjort. Stängslet rivs och du känner dig befriad när de sista resterna transporteras bort. Tråkigt nog visade det sig att det just den natten har gått 233 år sedan de vansinniga demonbestarna från träsket senast krävde sina offer i form av din familj. Medan ni slits i stycken av demonbestarna så inser du varför stängslet stod där det stod.

Som du förstår är stängslet traditionen. Bara för att vi i vår tid kanske inte förstår varför något är på ett visst sätt, så betyder det inte att det inte är till det bästa. All progressiv omdaning av samhället (oftast genomförd ovanifrån) rusar åstad utan att tänka sig för. Den nationalistiska förändringen är mer som den konservativa; den ska ske försiktigt och organiskt.

Betänk detta med gränskontroller. Efter andra världskriget tog det fart på allvar med EG/EU-projektet som har som slutmål att utradera nationsgränserna i Europa. På samma sätt såg man i USA till att tvinga samman delstaterna under en federal regim efter ett blodigt inbördeskrig (mellan 1861 till 1865). Men detta med imperier är ingen ny idé, vilket varje student av historien vet.

Men förutom "elitens" förhoppningar och planer så har många tillhörande skaran av "vanligt folk" också kommit att anamma idén om en enad värld utan gränser där nationalismen är ett gift … ja ni vet hur det har låtit. Världen ska vara enad, handeln ska vara fri, man ska resa överallt, blanda sig på alla sätt som är möjliga. Det finns ingen hejd. Eller, det fanns ingen hejd.

Inget väcker upp en person bättre än en lagom hård torpare. Det är gammal visdom. Kanske är coronaviruset precis vad som behövs om vi ser på det hela i ett längre perspektiv. Lägg undan oron för dig själv och dina nära och kära ett tag, det blir då enklare att ta till sig resonemanget.

Vi nationalister har envist och högljutt förklarat att globaliseringen är ett hot. Våra föregångare sa nej till urbanisering och vi har fortsatt stå upp för landsbygden. Vi sa ifrån när försvaret skulle läggas ner; när beredskapslagren tömdes; när industrier flyttades utomlands; när småjordbruken ett efter ett försvann; när kommunerna tvingades till upphandlingar som omfattar hela EU för att hitta det billigaste; när on-time delivery blev handelns strategi. Kritiken mot oss var inte nådig då.

Vi sa också ifrån när makten gav sig den på att genomföra de största folkförflyttningar som världen skådat. Miljoner och åter miljoner människor skulle omlokaliseras, från u-länder till väst framförallt. Vi ryste och röt när "öppna gränser" blev modeordet. Och återigen fick vi utstå etablissemangets vrede.

Men vi visste något de inte visste: stängslet fanns där av ett skäl. En nation som är homogen, som ser till att kunna stå stadig även om omvärlden gungar, som håller ordning på finanserna och inte sätter sig i bankmaffians knän, som är sin egen nation, som håller gränserna – en sådan nation slipper mycket elände. Överför det till en familj så är det ännu tydligare.

Men inget vi sa verkade nå fram, förrän flyktingkrisen för några år sedan slog till på allvar. Då började till och med de trögtänkta se klarare. Och nu knackar corona (eller SARS-CoV-2 som är dess födelsenamn) på dörren och globalismen faller som ett korthus framför våra ögon.

Alla inser att det vore bra med en inhemsk produktion av viktiga varor och mediciner; det här med nödlager vore ju fint också; kanske småjordburk från norr till söder hade varit något? En sammanhållen befolkning (homogen) med folkgemenskapen inpräntad i dem hade inte heller skadat. Eller gränser som stängdes ett tag.

Det vi fick var globalismens misslyckande och den liberala demokratins kraftlöshet i all sin fulhet. Land efter land begriper det och försöker nu göra om och göra rätt. Inte Sverige, inte ännu. Men vi är på väg dit. Till och med regeringen börjar förstå det. Du tror väl inte att det var en slump att man här om dagen stod inför pressen med svenska flaggor som fond? Inte en enda EU-flagga fanns synlig. Och på kavajerna satt prydliga svenska flaggor där annars röda rosor eller maskrosor brukar sitt. Inte för inte försökte Löfven tilltala det patriotiska inom oss.

När krisen kommer blir nationalismen det vi söker oss till. Vi inser att de enda som egentligen bryr sig om oss är vi själva … och att vi till sist kanske tvingas möta stormen helt ensamma. Hade vi varit en homogen svensk nation så hade det gått. I det mångkulturella AB Sverige vete tusan.

Kommer coronaviruset vara den förlösande katastrofen som binder oss samman igen? Kanske är det spiken i kistan för alla som företrätt de ideologier, filosofier och idéer som är contra naturam. Om så är det ett pris värt att betala på lång sikt. Ja, jag är helt allvarlig. Vår tradition finns inom oss instinktivt, men de har fått lager efter lager av irrläror över sig. När stormen drar fram får vi hoppas – och sträva efter – att dessa lager ett efter ett dras av.

Vi har önskat och hoppats att saker och ting skulle lösa sig utan att det behövde kosta för mycket för folk. Varje sjuk och avliden är en ofattbar mänsklig tragedi (ännu värre när vi inser att det inte behövt gå så illa). Men enskilda tragedier är inget som naturens järnhårda lagar tar hänsyn till. För henne finns bara att göra det rätta, eller det som är fel. Och gör du fel så får du lida konsekvenserna. Europa lider i detta nu. Låt oss göra det rätta framledes.

MAGNUS SÖDERMAN
16 mars 2019

Glöm vab om du tar ditt samhällsansvar

Trots att i princip hela världens expertis och varenda matematisk modell konstaterar att det bästa medborgarna kan göra för att möta en pandemi som den vi nu lever i, är att hålla avstånd och vara hemma, så vägrar svenska myndigheter att välja den vägen. Därför får du heller inte vab "om du håller ditt barn hemma i syfte att hen inte ska bli smittad av andra" som Försäkringskassan uttrycker det med politiskt korrekt språkbruk.

Ett av de bättre exemplen på varför alla som kan bör hålla sig för sig själva ger oss Washington Post i en artikel med simulationer över smittspridning. Denna går hand i hand med lärdomar från drabbade länder som gått ut hårt för att sakta ner spridningen. Att uppnå "flockimmunitet" är bra, men det måste gå långsamt så att sjukvården hinner med. I Sverige verkar det snarare handla om att det ska gå snabbt (eftersom staten slarvat bort välfärden): om äldre och svårt sjuka dör kanske systemet till och med ser en ekonomisk vinst över tid?

Man säger att man vill skydda gamla och sjuka, men sanningen är den att när Folkhälsomyndighetens råd stannar vid att du ska vara hemma om du "känner dig lite sjuk" men fortsätta som vanligt om du inte gör det, ger ett rakt motsatt resultat.

Följdeffekterna av statens hantering av coronapandemin leder också till att myndigheterna inte kan göra annat än att följa efter. Det är nämligen regeringen som bestämmer. När man slopade karensavdraget så utförde myndigheten ordern. Av samma skäl kommer du inte få ersättning för vab om du tar ditt ansvar och håller dina barn hemma från skolan, vilket tydligt framgår på myndighetens hemsida där man skriver:

"Du kan inte få ersättning för vab om du håller ditt barn hemma i syfte att hen inte ska bli smittad av andra."

Själv fick jag hem information från skolan där det stod att om barnet visar minsta symptom på sjukdom, om så bara en nysning eller hostning, så får barnet inte gå till skolan. Därför är mitt barn hemma. Antagligen är det en förkylning och vi vet att de kan sitta i länge. 1177 säger att den går över på två till fyra veckor. Efter sju dagar kommer det vara slut med ersättningen för vab, men fortfarande får barnet inte gå till skolan. Kommunen kräver en sak; Försäkringskassan en annan. Vad händer om jag tar med barnet till vårdcentralen (som jag helst inte ska åka till) och läkaren konstaterar att det bara är en förkylning? Till skolan är vi inte välkomna, men någon ersättning får vi inte.

De där höga skatterna känns motiverade, eller hur?

Vad det handlar om är att det inte finns några marginaler. Välfärden visar sig vara precis så ihålig som vi alltid sagt. Hur blir det om skolorna tvingas stänga? Någon vab kan du inte räkna med, det framgår också på Försäkringskassans hemsida.

Jag undrar hur det hade sett ut om svenskarna fått behålla mer av de pengar de fått i lön genom åren, och därtill uppmanats att hushålla med dem, vara förberedda på kris och lärt sig att lita på familjen och närsamhället som de är en del av?

Jag får för mig att effekterna av pandemin kunde ha mildrats avsevärt i så fall. Till exempel genom att folk utan bekymmer kunde stanna hemma med sina nära och kära under några veckor, så att risken för att sjukvården överbelastas varit nästintill obefintlig. Det återstår att se om AB Sverige räddas av helt vanlig tur, för det är det enda som kan hindra att det vi sett i Italien drabbar oss. Att sluta räkna smittade betyder nämligen inte att färre smittas.

JALLE HORN
16 mars 2019

Vänsterpolitiken och biståndet – en evigt ond cirkel

Vänstern vill gärna ge stora bistånd till tredje världen. Därmed skulle vi ju få färre invandrare. När biståndet inte ger resultat kommer invandrarna likväl och tjänstemännen som arbetar med bistånden kan fortsätta samma jobb om och om igen. En perfekt vänsterbliven logik.

I en tysk teveshow frågade någon i publiken varför vi ska hjälpa länder i tredje världen med så mycket bistånd; pengarna borde hellre komma tyska medborgare till dels. Den tyske socialistiska politikern Gregor Dysi sade då att bra bistånd gör att färre personer från tredje världen kommer hit.

Problemet är bara att vårt bistånd inte får tredje världen på fötter. FN-organ visar sig ofta vid inre revisioner vara dåliga och korrupta. FN i sig självt är djupt korrupt och fungerar inte särskilt bra.

De svenska biståndsorganisationerna misslyckas ofta i sina värv p.g.a. korruption i biståndslandet och inte särskilt dugliga tjänstemän på t.ex. SIDA. Visst är det här grova generaliseringar, men ingen kan säga att nämnda instanser har fungerat särskilt bra.

Till på köpet – när bistånden väl är betalade och projekten fallerar, då kommer personerna från tredje världen hit till slut, fastän biståndsidén enligt ovannämnde Dysi var att de inte ska det. Då har vi både gett bistånd (som kunnat gå till de egna medborgarna) och fått invandrare på halsen (som i sin tur kostar skjortan).

Det är i längden, vare sig man vill det eller inte, krass kapitalism som kan få u-länder på fötter. Eller någon form av ekonomisk kolonialism. Eller något annat som rimmar illa med socialliberala önskningar. Ekonomisk kolonialism är vad Kina i många och mycket bedriver i Afrika. Ifall västerlänningar, kineser m.fl. investerar kraftigt och med kanske något ojuste metoder, så kommer medborgarna där att fortsätta göra likadant, förutsatt att de nu klarar det. Och så småningom kommer framgångarna.

Men när västerlännningar nuförtiden investerar i tredje världen – inte alltid med de mest juste metoderna – skriker vänstern på hemmaplan att det handlar om utsugning, exploatering, kolonialism. Istället ska man fortsätta med att slänga biståndspengar på u-länder i hopp om att de själva ska bygga industrier, infrastruktur m.m. I längden blir det en perfekt balans för den politiska vänsterns anhängare. När afrikanerna inte klarar av att bygga upp ett toppmodernt samhälle med den sortens metoder kan de äska mer bistånd, FN kräva ansvar av i-länder, ett antal svenskar ha kvar sina enkla och glassiga jobb samt alla klaga på Trump när det inte fungerar.

Inte heller ska vi genomföra lite hårdare jobb såsom trädplantering etc. Det är för jobbigt och neokolonialistiskt. Nä, sköna jobb på SIDA och utrikesdepartementet ska det vara, helt utan krav och helt utan resultat. Och i slutändan kommer det hit tusentals invandrare, vilket vänstern vill ha så många som möjligt av. Trots att den där Gregor Dysi sa att vi ska ge bistånd för att förhindra dem att komma hit. En perfekt vänsterbliven logik.

MAGNUS SÖDERMAN
16 mars 2019

Hårt mot hårt verkar ha hjälpt mot Turkiet – men faran är inte över

Mycket tyder på att Turkiet har trappat ner (eller avbrutit) de organiserade attackerna mot Europas gräns. Varför så skett är en fråga som måste besvaras eftersom den ger en fingervisning om vad som måste till fortsatt och framöver.

Under förra veckan kom rapporter från gränsen mellan Turkiet och Grekland som gjorde gällande att turkiska myndigheter hade börjat bussa tillbaka migranter till Istanbul. Vidare rapporterar grekiska myndigheter att antalet stormnings- och inträngsförsök hade minskat rejält. Visserligen fortsatte turkisk militär sporadiskt att skjuta tårgas över gränsen, men inte i samma utsträckning som tidigare.

Somliga tror att detta är ett första steg mot att Turkiet återigen börjar hålla bättre ordning vid gränsen mot Europa, trots att de inte uppnått något nytt avtal med EU om mer pengar. Erdogan vill helt enkelt skicka signalen att han är beredd att normalisera det som tidigare gällt. Frågan som återstår är varför?

Antagligen hade Turkiet räknat med att både Grekland och EU skulle reagera som förra gången; dvs. med öppna gränser och löften om att hjälpa alla som lyckades ta sig över gränsen. Och nog hördes sådana rop från de gamla vanliga landsförrädarna. Somliga gick också från ord till handling. Bland annat fick vi rapporter om att finska och danska kustbevakare som skickats till Grekland som en del av operation Poseidon, vägrade lyda order om att skicka tillbaka migranter. Också ickestatliga organisationer har varit aktiva i Grekland för att hjälpa till att smuggla "flyktingar". Det var de förra gången också och kunde då agera relativt fritt. Denna gång blev det dock ett annat mottagande då lokalbor helt sonika hotat, överfallit och misshandlat dem.

Framförallt har dock Grekland agerat annorlunda. Man har inte låtit sig kuvas, vare sig av intern vänsteropposition, Turkiska hot och attacker eller EUs krav om asylrättens helighet. Gränsens stängdes och hölls stängd trots allt. Till råga på allt fick Grekland denna gång hjälp av Polen, som skickade gränsvakter, och vidare löften om hjälp från Visegrádgruppen, Italien och Estland.

Snart nog gick det upp för Erdogan att Grekland var beredda och hade uppbackning; inte av EU men av andra stater i Europa. Det räckte, verkar det som.

Här finns det en hel del att lära sig. Exempelvis att man ska sätta hårt mot hårt. Erdogan tvekade inte använda människor som ett vapen mot Europa. Det säger mycket om honom. Moralen är enkel. Grekland har ingen moralisk skyldighet att öppna sina gränser oavsett. När det gick upp för turkarna att Europa inte viker ner sig, så fanns det inte mycket kvar. Erdogan kunde inte gärna beordra en invasion av Grekland utan han fick stå där med långt ansikte.

Nu ska vi inte signalera "faran över". Sanningen är ju den att den pågående pandemin har gjort sitt till. Både massmedia och EU-politrukerna har annat att tänka på än Grekland. Hade situationen varit annorlunda så hade antagligen tonen från Bryssel också varit det. Och vem vet, kanske kommer Erdogan ta chansen igen framöver – vad han vill och vilket som är hans långsiktiga mål vet vi ju.

DAN ERIKSSON
16 mars 2019

Hur pratar man med sina barn om coronaviruset?

Hur ska du tala med ditt barn om coronaviruset Covid-19? Vi har sammanställt de grundläggande tipsen från experter och erfarna föräldrar.

När nu effekterna av coronaviruset Covid-19 blir allt mer tydligt i vår vardag är det naturligt att våra barn har många frågor. Detta lär inte minst bli aktuellt när (och vi skriver när, inte om) Sverige väljer att göra som resten av Europa och stänga ned skolorna.

Men det är ingen lätt uppgift att tala om något vi själva vet så lite om, och så många känner en sådan stor oro inför, med de som vi bara vill skydda från all rädsla och ondska.

Tänk på att barnen är tänkande individer som, beroende på sin ålder, snappar upp väldigt mycket av vad de hör från vuxna, från media och i skolan. Det finns alltså ingen mening med att försöka dölja virusets existens, tvärtom kan det vara bra att vara tydlig så att barnet förstår behovet av personlig hygien och social distansering.

Några tips när du ska tala med dina barn
Var saklig och ärlig. Berätta för dina barn om viruset, att det är många som blir eller riskerar att bli sjuka och hur det smittar. Berätta också att det inte är lika farligt för barn som för äldre och att det är därför vi inte kan besöka farmor eller morfar just nu. Du behöver däremot inte gå in på detaljer som kan skrämma i onödan, då barn kan ha svårt att värdera nyheter och därmed drabbas av onödig panik eller ångest.

Var hoppfull. Berätta att alla de smartaste människorna, verklighetens superhjältar, arbetar för att hitta en snabb lösning på problemet. Var klippan i deras omgivning och berätta att du tar reda på saker, att du har koll, att de inte behöver hålla koll på detta själva.

Var lyhörd. Av naturliga skäl kan barnen känna stor oro och ha många funderingar. Låt dina barn prata till punkt, stå ut med att de ställer "dumma frågor" och lyssna. Var förstående men tänk på att vara hoppfull och tydlig.

Var lekfull. Den personliga hygienen är avgörande för att minska smittspridningen. Tvätta händerna tillsammans och gör det medan ni sjunger en sång tillsammans; klassikern är Blinka lilla stjärna men hitta en sång i lagom längd som ni kan sjunga tillsammans.

Var närvarande. Vi är många som sitter nedsjunkna i våra telefoner till vardags, och förmodligen ännu mer nu när vi följer nyhetsutvecklingen kring viruset. Men glöm inte bort att ta dig tid med barnen, schemalägg det om det så behövs, och lägg bort telefonen under tiden. Bygg lego, måla, pyssla, lek och skratta. Det är svårt att uppnå normalitet i det här läget men vi måste göra vad vi kan.

LUDVIG DELIN
17 mars 2019

Politisk korrekthet eller corona?

Det fria Sverige hjälper äldre och andra i riskgruppen för coronaviruset att handla mat. Detta vill nu Töreboda kommun försvåra och skickar ut kommunarbetare för att riva ner den livsviktiga samhällsinformationen samt hotar att bötfälla föreningen.

Det fria Sverige har tagit initiativ till att hjälpa äldre människor och andra som ligger i riskgruppen för att drabbas av covid-19 att handla livsmedel, eftersom dessa uppmanas att hålla sig hemma och hålla sina sociala interaktioner till ett minimum. För att få ut ordet har föreningen satt upp lappar runt om i samhället Älgarås med omnejd med information om hjälpen de erbjuder och hur man kommer i kontakt med dem.

Sedan lapparna sattes upp har ett flertal äldre på orten hört av sig till Det fria Sverige och fått hjälp att göra sina inköp. Men den typen av hjälp försöker nu Töreboda kommun försvåra.

Idag kontaktades föreningen av kommunchefen Per-Ola Arnling Hedberg som i ett brev förklarar att affischeringen bryter mot ordningsföreskrifterna i Töreboda kommun. Enligt ordningsföreskrifterna för Töreboda kommun får affischering, annonser eller liknande anslag inte sättas upp på husväggar, staket, stolpar eller liknande som vetter mot allmän plats utan tillstånd av polismyndigheten. Det fria Sveriges ordförande Dan Eriksson reagerar med bestörtning på Töreboda kommuns agerande:

– Vi befinner oss i ett nationellt nödläge där tusentals äldre svenskar riskerar att dö. Att en kommun då går in och försöker sabotera civilsamhällets försök att minska smittspridningen är så utomordentligt uselt att Per-Ola, som suger ut 73 000 kronor i månaden från vår redan hårt ansträngda kommun, bör avsättas omedelbart.

Vidare förklarar Eriksson varför flygblad inte är optimalt i Älgarås. Det beror på att posthanteringen har centraliserats till en lokal butik med låsta postboxar.

Töreboda kommun har lyckats försätta föreningen Det fria Sverige i ett svårt val. Att informera dem som ligger i riskzonen för det dödliga viruset om hjälp de kan få med inköpen, eller att bryta mot kommunens ordningsregler.

-Det är inget snack om att detta är politiskt. Antagligen är man desperat över att försöka stoppa Det fria Sveriges växande popularitet i kommunen. Vi kommer dock inte ge upp för att en svenskfientlig kommunledning väljer att prioritera politisk korrekthet framför svenska liv — men vi kommer inte heller att glömma Per-Ola och hans svek mot Älgarås befolkning, säger Dan Eriksson.

JALLE HORN
18 mars 2019

Tänk på din nästa

Bonden Paavo visar vad som gäller när krisen kommer. Hårt arbete, förtröstan, tanke på din nästa. Johan Ludvig Runeberg diktar på skönaste vis om ett gott förhållningssätt när problemen hopar sig.

I tider av nöd prövas bröder, vänner, grannar. Det tål att tänkas på när Europa har drabbats av coronapandemi. EU-länderna hjälper varandra i ytterst liten grad. Töreboda kommun stjälper Det fria Sveriges försök att hjälpa Älgaråsbor i nöd. Var är den berömda solidariteten? Även familjens stryktålighet prövas, liksom personers tålamod och tro i denna kristid.

Inget poem på svenska gestaltar drabbningen, kampen, tålamodet, svetten och solidariteten bättre än Johan Ludvig Runebergs dikt om bonden Paavo, dikt nr 25 i avdelningen "Idyll och epigram" från hans debutsamling Dikter, 1830. Den finske bonden Paavo prövas gång efter annan när skördarna slår fel. Kampen, ansträngningen och tålamodet testas till det yttersta.

Sättet Runeberg skildrar det är mästerligt. I lugnt mak förs man framåt mot den första katastrofen. Hustrun himlar och våndas men Paavo lugnar: blanda bark i brödet. Så svettas och strävas det vidare till nästa katastrof. Frugan ger upp igen men Paavo ber lugnt om förtröstan: bark i brödet. När så all svett och strävan äntligen ger resultat och hustrun prisar herran så lugnar Paavo henne än en gång. Grannens teg står förfrusen. Det blir till att leva fattigt med bark i brödet igen, allt för att hjälpa sin nästa.

Det är sann solidaritet – som fungerar. Man hjälper grannen, bonden som ser likadan ut som en själv och som delar samma öde. Det är vackert. Allt i enlighet med skönheten i Runebergs dikt. Dikten är en fantastisk påminnelse i tider av kris, att det går att kämpa sig ur krisen. Med svett, med tårar och med tanke på nästan.

Högt bland Saarijärvis moar bodde
bonden Paavo på ett frostigt hemman,
skötande dess jord med trägna armar;
men av Herren väntade han växten.
Och han bodde där med barn och maka,
åt i svett sitt knappa bröd med dessa,
grävde diken, plöjde opp och sådde.
Våren kom, och drivan smalt av tegen,
och med den flöt hälften bort av brodden;
sommarn kom, och fram bröt hagelskuren,
och av den slogs hälften ned av axen;
hösten kom, och kölden tog vad övrigt.
Paavos maka slet sitt hår och sade:
»Paavo, Paavo, olycksfödde gubbe,
tagom staven! Gud har oss förskjutit;
svårt är tigga, men att svälta värre.»
Paavo tog sin hustrus hand och sade:
»Herren prövar blott, han ej förskjuter.
Blanda du till hälften bark i brödet,
jag skall gräva dubbelt flera diken,
men av Herren vill jag vänta växten.»
Hustrun lade hälften bark i brödet,
gubben grävde dubbelt flera diken,
sålde fåren, köpte råg och sådde.
Våren kom, och drivan smalt av tegen,
men med den flöt intet bort av brodden;
sommarn kom, och fram bröt hagelskuren,
men av den slogs hälften ned av axen;
hösten kom, och kölden tog vad övrigt.
Paavos maka slog sitt bröst och sade:
»Paavo, Paavo, olycksfödde gubbe,
låt oss dö, ty Gud har oss förskjutit!
Svår är döden, men att leva värre.»
Paavo tog sin hustrus hand och sade:
»Herren prövar blott, han ej förskjuter.
Blanda du till dubbelt bark i brödet,
jag vill gräva dubbelt större diken,
men av Herren vill jag vänta växten.»
Hustrun lade dubbelt bark i brödet,
gubben grävde dubbelt större diken,
sålde korna, köpte råg och sådde.
Våren kom, och drivan smalt av tegen,
men med den flöt intet bort av brodden;
sommarn kom, och fram bröt hagelskuren,

men av den slogs intet ned av axen;
hösten kom, och kölden, långt från åkern,
lät den stå i guld och vänta skördarn.
Då föll Paavo på sitt knä och sade:
»Herren prövar blott, han ej förskjuter.»
Och hans maka föll på knä och sade:
»Herren prövar blott, han ej förskjuter.»
Men med glädje sade hon till gubben:
»Paavo, Paavo, tag med fröjd till skäran!
Nu är tid att leva glada dagar,
nu är tid att kasta barken undan
och att baka bröd av råg allena.»
Paavo tog sin hustrus hand och sade:
»Kvinna, kvinna, den blott tål att prövas,
som en nödställd nästa ej förskjuter.
Blanda du till hälften bark i brödet,
ty förfrusen står vår grannes åker!»

Johan Ludvig Runeberg

JALLE HORN
19 mars 2019

Coronasmittan och åtgärderna kryper norrut

Det som utspelar sig i Italien och Spanien kryper obönhörligt norrut – i ganska snabb kryptakt – både smittkurva, dödskurva och åtgärdskurva. Även om inte Tegnell, Löfven & co har förstått vad som måste göras än, så kommer de troligen ändå tvingas till de åtgärder som görs i länderna söder om Sveriges gräns.

Italien och Spanien har satt sina länder i karantän så gott det går. För att gå hemifrån måste du ha synnerligen goda skäl, annars väntar böter om du blir haffad. I Frankrike har undantagstillstånd utlysts, en till två veckor efter italienarnas och spanjorernas drastiska åtgärder. I en stad i Bayern råder nu en form av undantagstillstånd, vilket snart förväntas utökas till hela delstaten. I övriga delstater är alla skolor och daghem stängda samt snart alla butiker utom livsmedelsaffärer, apotek och banker. All kursverksamhet är avbruten, lekplatser, sportplatser m.m. stängda. Undantagstillstånd lurar runt hörnet. Britterna har lämnat Tegnellplanen om flockimmunitet när det uppdagades att datan man använde byggde på vanlig influensa. Nu är det shutdown som gäller. I Nederländerna har man också övergett den lösningen. Lockdown gäller nu. Full shutdown har även skett i länderna i Central- och Östeuropa.

Stängda gränser, shutdown, undantagstillstånd

Allt ser likadant ut i hela Europa med små variationer. Alla har stängt gränserna. I Frankrike/Bayern och söderut råder undantagstillstånd. Österrike, Ungern och Schweiz är inte där än men har små befolkningar; där råder lockdown. Balkan har inte haft samma explosiva smittspridning som Italien och Spanien, men de är snart där, varmed undantagstillstånd eller liknande åtgärder säkerligen kommer att införas.

Smitt- och dödssiffrorna för coronaviruset följer breddgradsreglerna för åtgärder. Italien och Spanien mycket hårt drabbade: undantagstillståndsliknande regler. Den stora frågan är om de snabba och resoluta åtgärderna som har gjorts i Frankrike, Tyskland, Österrike och Schweiz – och nu Benelux, brittiska öarna, Norge, Danmark och Finland – samt länderna i öst kommer att ge resultat vad gäller smittspridning och dödsfall. I Europas norra del är vi även mer disciplinerade och kan förhoppningsvis efterfölja reglerna bättre. Frågan är bara om det hjälper? Om inte kommer Italiens och Spaniens siffror att ha nått Nord- och Östersjön om en vecka eller två.

Sverige ligger efter

I Nordens länder råder också mer eller mindre shutdown, på Island rent av undantagstillstånd. Sverige sticker förstås ut och har halkat efter efter 50 år med oslipade skridskor på fötterna och 20 år med politiskt korrekt snömos i skallen. Man kan konstatera att alla europeiska skolor söder om Trelleborg är stängda. I vårt land försöker man förhala det in i det sista, precis som man gjorde med gränsstängningen. Och enbart här får så många som 500 personer träffas tillsammans på allmän plats – till skillnad från Österrikes fem. Enbart i Sverige vädjar ledarna till befolkningen att inte komma samman istället för att agera resolut och införa drastiska åtgärder under hot om påföljd.

Man skyller på lagar och förordningar, t.ex. att regering och riksdag inte får låta stänga skolor eller utfärda undantagstillstånd, och det är kanske bra att sådana lagar finns. Men ta chansen! Överträd lagarna några dagar och hoppas på folkets förlåtelse. Utse någon som får ta smällen om en sådan kommer. Missade ni att planera för en eventuell kris, då måste något drastiskt göras. Andra länder brottas säkert också med eventuella lagöverträdelser. Vad alla samhällsmedvetna svenskar bekymrar sig för är handlingsförlamningen. Ungefär som rådde efter tsunamin i Sydostasien.

Problemet är att om staten inte agerar med ”mindre” åtgärder tidigt måste de genomföra mer drastiska beslut i ett senare skede, alternativt förlora staten.

Sverige kommer att tvingas till samma åtgärder som alla andra

Det löjliga i sammanhanget är att det inte spelar någon roll. Ifall det går som förväntat kommer coranavirusets sätt att härja obarmhärtligt att sprida sig norrut med någorlunda liknande siffror som i Italien och Spanien – p.g.a. att i stort sett alla (åtminstone västeuropeiska) länder har en stor population av gamla människor och en sjukvårdsapparat som inte har plats för alltför många sjuka samtidigt. Med de problemen på halsen kommer så skolstängning, total shutdown och kanske undantagstillstånd, nationellt nödläge eller liknande reglering som ett brev på posten. Det gäller Sverige likaväl som alla andra länder.

Varför inte gripa tjuren vid hornen på en gång istället för att försöka åka ifrån den med de där oslipade skridskorna?

MAGNUS SÖDERMAN
19 mars 2019

Nya attacker mot Greklands gräs

Attackerna mot Grekland har intensifierats det senaste dygnet. Efter en period av lite lugnare läge vid gränsposteringarna har återigen stormningar genomförda av så kallade "migranter" ökat. Detta trots att Turkiet nyligen fick löfte om ytterligare miljardstöd från EU.

Efter ett möte mellan Turkiets ledare Erdogan och Tysklands Angela Merkel, Emmanuel Macron från Frankrike och den brittiske premiärministern Boris Johnson fick turken löfte om ytterligare miljardstöd för att hålla de närmare 4 miljoner "flyktingar" som finns i landet i schack. Han sitter utan tvekan med starka kort som han fortsatt kommer att spela ut när det passar.

President Erdogan har flera krav mot EU, bland annat visumfrihet för turkar som vill resa i Europa samt krav på stöd för landets attacker mot Syrien, något som EU-ledarna ännu inte är beredda att ge efter för. Att det kostar Erdogan mycket pengar att husera flyktingarna från kriget i Syrien (såväl som andra lycksökare från andra länder) är uppenbart och det finns en stark inhemsk opinion som kräver att presidenten löser frågan.

Svårbevakad gräns
Grekland landgräns mot Turkiet har under de senaste veckorna förstärkts, bland annat med hjälp av Polen som skickat personal. Det stora problemet är gränsen mot de grekiska öarna, vilken är svårbevakad. Speciellt bekymmersamt är det när den turkiska kustbevakningen tittar åt ett annat håll.

Grekland har, trots upprepade rop om hjälp, fått fäkta själva under lång tid. Mer eller mindre själva i alla fall. EU har inte, låsta av vänsterliberal doktrin, agerat kraftfullt och med halvmesyrer kommer man inte långt. Genom undfallenhet har man tillåtit Turkiet att få alla trumfkort.

Hårt mot hårt
Tack vare att Grekland inte gett efter denna gång utan hållit gränsen blev det dock
svårare för Erdogan att göra som han vill. Därför backade han för några dagar
sedan och började bussa tillbaka de "flyktingar" som han tvingat till gränsen mot
Grekland.

Dock återstår tusentals människor i de läger som byggts i ingenmanslandet mellan
de två länderna. Exakt vad som pågår där och hur inblandade Turkiet är i "flykting-
arnas" agerande är svårt att säga. All information som kommer från den turkiska
sidan har passerat genom myndigheternas filter.

Att Turkiet använder "flyktingarna" som fotsoldater står utom allt tvivel. Turkisk
polis har understött attacker mot Grekland genom att skjuta in tårgas över gränsen,
samt vid ett tillfälle som vi vet, använt sina fordon för att försöka riva ner en gräns-
postering.

Även om dessa direkta angrepp mot Europa och Grekland verkar ha upphört så är
det troligt att det är turkiska myndigheter, eller deras allierade som Grå vargarna,
villa orkestrerar attackerna mot Grekland. Attacker som nu åter igen har ökat i
intensitet.

Upprätthålla trycket
För Turkiets del är det viktigt att upprätthålla ett lagom hårt tryck mot Grekland
(efter att den initiala attacken slogs tillbaka). Man vill trötta ut dem helt enkelt. An-
tagligen hoppas man att den pågående pandemin ska göra sitt till. Risken är stor att
de stora EU-länderna går på knä inom några veckor, med en överbelastad sjukvård
och ekonomi i fritt fall. I Grekland har det "bara" rapporterats 418 sjukdomsfall (i
skrivande stund) men mörkertalet antas vara enormt.

För tillfället talar fortfarande det mesta för Turkiet. Erdogan har långt mycket fler
verktyg för att upprätthålla sin regim över tid då han inte behöver ta hänsyn till den
liberala demokratin, än vad EU har att möta med. Om han kan upprätthålla trycket
mot Grekland genom att använda "flyktingarna" så kommer han sakta men säkert
nöta ned säkerhetsstyrkornas kapacitet. Därtill är risken stor att den pågående pan-
demin destabiliserar Grekland varpå resurserna helt enkelt inte räcker till allt. Om
Erdogan i det skedet återigen tvingar "flyktingarna" över gränsen så ligger vägen
öppen.

Mycket kan dock hände och är det något vi kan vara säkra på så är det att osäker-
heten inför framtiden just nu är total.

JALLE HORN
20 mars 2019

Kolonialism i vår tid – kolonisering av Sverige

Det är dags att sluta tala om neokolonialism från västerländsk sida. Istället måste vi rikta blicken mot den kolonisering som sker av invandrare i Sverige och andra länder.

Eva-Marie Olsson, krönikör på Svegot, satte i onsdags huvudet på spiken i Svegots morgonprogram Sverige vaknar där hon var gäst. I programmet tog man upp en nyhet om att Feministiskt Initiativs partiledare Farida al-Abani lockar invandrare till Sverige genom att twittra budskap på arabiska (och svenska) att Sverige visst har plats för många invandrare.

Inlägget som sändes ut för ett par veckor sedan var förstås ett svar på Jimmy Åkessons "turné" längs den grekisk-turkiska gränsen, där han delade ut flygblad om att Sverige är fullt och invandrare inte välkomna. Eva-Marie Olssons tagning på det var att det pågår en kolonisering av Sverige. Det sades bara i förbifarten, det följdes inte upp med en diskussion. Men tanken är så intressant att den kräver en utläggning.

Svenska trupper i Afghanistan är inte neokolonial verksamhet
I en debattartikel i SvD den 16 mars fördömer några debattörer "det nykoloniala svenska krigsäventyret i Afghanistan". De har nog så rätt i sakfrågan, att Sveriges soldater inte har haft i Afghanistan att göra och att resterande trupper snarast måste skickas hem. Bättre vore t.ex. om de patrullerade svensk gräns, tycker vän av Sverige. Debattörernas bild av interventionen i Afghanistan, ledd av USA och Storbritannien, är säkert överdrivet negativ, men de har rätt i att kriget har varit ett misslyckande när det gäller att göra Afghanistan till ett fungerande land.

Deras ifrågasättande av det svenska deltagandet är också på sin plats. Det har kantats av diverse smussel som ännu är under granskning. Givetvis präglas deras de-

battartikel av överdrivna uttryck som "skamfläck" etc, men i ett fall är ordvalet
direkt löjligt och farligt, nämligen "nykolonial".

USAs krig i Afghanistan är inte nykolonialt. Från början ville man avvärja taliba-
ner och terrorister, sedan hjälpa till att få landet modernare. Det kan man ju kalla
nykolonialt, d.v.s. att USA överför sina politiska strukturer på ett annat land med
andra traditioner, men då måste också vänstertänkare säga att Afghanistans gamla
politiska och sociala strukturer är värda att bevara, oavsett om det innebär kvinno-
förtryck, diktatur eller vad som helst.

Ordet neokolonialism är bara riktat mot Västvärlden
Visst har amerikanerna velat utnyttja landets geopolitiska läge, men målet har
knappast varit att utnyttja Afghanistans råvaror eller befolkning. Därmed är Sve-
riges medverkan inte heller nykolonialt, hur mycket trupperna än har utnyttjats
av USA. Dessutom är hela retoriken om västlig nykolonialism helt förrädisk. All
utrikes verksamhet kan ju kallas kolonialt, t.ex. försök att omvända andra till islam,
vinna handelsfördelar m.m. Ordet tappar i så fall sin mening.

Ord som neokolonialism har i sin vanliga användning ingen direkt innehållsmässig
betydelse. Ordet används i stort sett bara i funktionen att svärta ned den västliga
kulturen och alla vita människor. Det är nämligen bara västvärlden som man smetar
på sådana uttryck. Alla filosofiska och kulturella trådar som man väver in i begrep-
pet är bara fernissa, för att få ordet att kännas nyanserat och akademiskt legitimt.
Men egentligen är ordet bara ett slags invektiv.

Kolonialism i vår tid – invandrare i Europa
Däremot finns det som Eva-Marie påpekade i radion en uppenbart kolonial rö-
relse, nämligen människor som tränger in i Europa från Mellanöstern och Afrika.
Den rörelsen har pågått sedan 1945, i gamla kolonialländer som Storbritannien och
Frankrike lite längre. Vi talar inte om en från början organiserad rörelse utan mer
ett skeende som blir som en sorts rörelse, människor som rör sig i en viss riktning
och med tiden vinner särskilda fördelar i de nya länderna.

Från början var denna rörelse alltså inte kolonialt menad från de migrerande männ-
iskorna. Människor från t.ex. Turkiet blev inbjudna till i-länderna efter kriget där
arbetskraft behövdes, kanske också för att hålla löner o.d. i schack. Globalister
som tryckte på för att det skulle ske fanns förstås redan tidigt. Olika slags marxis-
tiska grupper fanns också som såg migrationen som ett sätt för Västerlandet (ka-
pitalismen också, men främst just den västerländska kulturen) att implodera. Även
muslimska grupper som Muslimska brödraskapet såg tidigt möjligheten att erövra
Europa genom migration och barnafödande.

Men på 1950-talet var det så många andra händelser som påverkade världens rikt-
ning. Inte heller utgjorde de turkiska, kurdiska, iranska, palestinska, negroida, chi-

lenska m.fl. migranterna en stor del av alla som kom mellan 1950 och 1990; de flesta som kom till Nordeuropa var från Sydeuropa. Undantaget var Frankrike och Storbritannien som fick många invandrare från Nordafrika, Mellanöstern och Indien. Islam var inte en expansiv rörelse på det sättet den blivit de senaste 30 åren. Ändringen av svensk grundlag för mångkulturalism 1975 var förstås ett förräderi mot det svenska folket, men troligen genomfördes den i relativt naiv tro; få anade vad som skulle komma ett par årtionden senare.

De senaste 30 åren

De riktigt stora migrantvågorna drog igång för ca 30 år sedan i och med murens fall, kriget i det forna Jugoslavien och EU-inträdet. Därmed kom också på 90-talet rätt stora muslimska element, främst från Bosnien och Kosovo. Islam har sedan dess blivit en aggressiv, krävande och expansiv rörelse i Sverige. Därefter har det bara tilltagit och tilltagit, från och med 2015 i vansinniga proportioner för svensk del.

Sedan dess kan man börja tala om kolonisering när det gäller Sverige (och säkert övriga Västeuropa). Mängderna migranter är oproportionerligt stora i förhållande till den svenska folkstammen, men det är mycket annat som visar på koloniala drag. Många röster i Sverige trycker ned svensk kultur för att hävda invandrarnas.

Över huvud taget är traditionerna svaga i Sverige p.g.a. moderniteten, varmed invandrarnas känsla stärks på bekostnad av svenskarnas. Och det finns sedan många årtionden en stark kulturmarxistisk och politisk korrekt rörelse i Sverige vars mål är att förringa allt västerländskt och svenskt.

Invandrare från främst muslimska länder kräver att få allt från uppehållstillstånd, bidrag och särskilda rättigheter på ett sätt som är mycket besvärande för svenskar. Många invandrarröster talar om hur svensk och västerländsk kultur och samhällsliv bör brytas ned. Många invandrarfamiljer har många barn, och just barnafödandet uppmuntras särskilt starkt av imamer med samband med t.ex. Muslimska brödraskapet, just som en del av en "erövring" av Sverige. Sedan ett par decennier hörs allt oftare invandrare som säger att Sverige är deras land, inte svenskarnas.

Inte minst har många invandrargrupper blivit organiserade på ett annat sätt än tidigare; det rör allt från kriminella gäng till moskéer. Åtskilliga områden i landet har blivit "deras", både vad gäller problem med myndighetsutövning och genom medborgargarden som t.ex. markerar mot kvinnor som inte bär slöja. Över huvud taget ser vi runt om i landet hur myndigheter ser genom fingrarna på invandrares olagliga verksamhet, inte minst hur hundratusentals undviker utvisning.

Det enda sättet att stoppa sådan kolonialism

Det är vår tids neokolonialism, inte det som sker i Afghanistan eller Mali. Det som skiljer den från all tidigare form av kolonisering är att kolonisatörerna har starka medkrafter i det kolonialiserade landet, i vårt fall Sverige, som kämpar för en ständigt fortgående kolonialisering – de som brukar sammanfattas som kulturmarxister. De vill att svenskarna ska tryckas ned och kanske utrotas, och de vill att Sverige ska sluta existera.

Det finns bara en politisk kraft som kan sätta stopp för vår tids neokolonialism. Det är de europeiska nationella rörelserna, både var och en för sig och alla tillsammans.

MAGNUS SÖDERMAN
23 mars 2019

Örebro tingsrätt visade att rättvisan ännu lever

In i det sista rådde skepticismen. Skulle Dan Eriksson faktiskt få vara med om rättvisa efter att han stått inför tinget, anklagad för pk-ismens grövsta förbrytelse, hets mot folkgrupp?

Både Dan Eriksson själv såväl som hans försvarare, advokat Björn Hurtig, var överens om att rättvisa skulle skipas. Båda var – antar jag – också helt inställda på att driva fallet vidare om tingsrätten gjorde bort sig. Själv var jag inte lika övertygad. Inte alls faktiskt.

Jag har varit på min beskärda del av rättegångar. Varje gång hittills (i vuxen ålder) har det varit i egenskap av åhörare. Ja, jag är ostraffad (den som kom undan kanske) och helt nöjd med det. Men åtskilliga av mina vänner och bekanta har fått stå inför skranket. Mer ofta än sällan är de helt oskyldiga ska tilläggas. Inte för att det har spelat någon roll för rätten, dömda har de blivit i alla fall.

Det är frustrerande när man vet, verkligen vet, att vederbörande är oskyldig, eller att det var självförsvar. Man kan inte göra något, förutom att vara beredd att vittna. Vilket heller inte hjälper. En armé av den åtalades vänner som lovar och svär att det gick till som det faktiskt gick till. Klubban slå, dömd ... dömd ... dömd och dömd igen.

Många gånger har domen varit politisk. Andra gånger kan man helt enkelt inte förstå att en lag kan vara skriven på det sätt den är, och tolkas som den gör. Det sistnämnda brukar röra åsiktsbrott och främst hets mot folkgrupp. Lagen i sig borde inte erkännas av en demokratisk stat värd namnet. Ergo: få demokratiska stater är värda namnet. Lagen är bottenlöst tyrannisk och bryter mot grundläggande mänskliga fri- och rättigheter. Den dödar det fria ordet och är en skamfläck.

Hittills har jag inte varit med om ett frikännande när en frände stått anklagad för hets mot folkgrupp. Därför var jag rätt säker på att Dan Eriksson skulle fällas. Om inte eftersom både lagen och rätten är politiserad. Inte ens det faktum att hela åtalet på ett rent språkligt plan byggts på gungfly gjorde mig trygg.

För alla (inklusive Juridikfronten som låg bakom anmälan) sade magkänslan att det inte skulle hålla. Ja, utom min cyniska dito då. Enligt åtalet hade Eriksson via tweet kallat en svart kvinna för "negern" (i bestämd form). Här en kort utvikning: det enda "brottet" som borde komma på tal vore väl att kvinnan rent språkligt felkönades och att "negressen" borde varit korrekt. Men vem är twittraren att "köna" någon i dessa tider.

Att kalla en svart människa för "negern" kanske är olagligt. Ett utvik till: om man får säga "svart", får man då säga "svartingen" när man åsyftar en specifik person? Exempel: "Det var den där svarta kvinnan där borta" borde kunna sägas som "det var svartingen där borta". Till råga på allt undviker man ju att könsbestämma också, vilket borde ge poäng idag.

Nåväl. Åklagarens försök att leda användandet av ordet "negern" till ett generellt hetsande mot en specifik folkgrupp var smärtsam att lyssna på. Speciellt med lagtexten i huvudet, som säger att det måste riktas mot en "folkgrupp". Inte tusan är "negern" en folkgrupp, inte på något sätt. Inte en chans.

Nej, "negern" var ingen folkgrupp och Dan Eriksson frikändes. Tingsrätten konstaterade helt enkelt att ingen folkgrupp hade blivit hetsad mot och så var det med den saken. De bekymrade sig över huvud taget inte om teknikaliteterna gällande hur, var och när tweeten skrevs. Rättvisa. Hade. Skipats. Döm om min förvåning.

Tyvärr var det inte ett utslag av en tingsrätt som modigt satte ner foten mot en drakonisk lag. Det var inte för något så nobelt som frihet de frikände Dan Eriksson. Nej. Rätten läste bara lagtexten rakt upp och ned. Kanske får man ge dem en eloge för att de inte valde att statuera exempel eller vara extra goda, goda människor. Sådant har hänt kan tillägga. Hets mot folkgrupp är en politisk gummiparagraf, men den går inte att töja hur långt som helst.

DAN ERIKSSON
23 mars 2019

Feministdemonstration låg bakom tusentals smittade och döda i Spanien

Spaniens vänsterregering uppmanade till massdemonstration på internationella kvinnodagen trots pågående smittspridning, och censurerade statistik för att inte förstöra feststämningen. Nu är över tusen spanjorer döda på grund av viruset.

Den 8 mars är det "Internationella kvinnodagen", en dag instiftad av den Andra internationalen på initiativ av kommunisten Clara Zetkin år 1910. Sedan dess har den varit en stor dag för kommunister och antitraditionalister världen över, så även i Spanien.

I år initierade den spanska vänsterregeringen en stor feministisk demonstration det här datumet, vilket experter starkt avrådde ifrån på grund av den stora risken för smittspridning. Landets jämställdhetsminister, Irene Montero från vänsterpartiet Podemos, insisterade dock på att demonstrationen skulle hållas.

Montero, som fått sin politiska skolning i Kommunistiska ungdomsförbudet UJCE (Unión de Juventudes Comunistas de España) ansåg helt enkelt att en feministisk symboldemonstration var viktigare än att rädda människoliv. Demonstrationerna hölls över hela Spanien, och de största hölls i Madrid som nu blivit epicentrum för smittan.

När allt fler började kritisera regeringens plan om att hålla demonstrationerna valde regeringen att sluta publicera uppgifter om nya corona-fall på den officiella sajten för att inte de dystra siffrorna skulle förstöra feststämningen på internationella kvinnodagen. Men viruset var så klart ingen hemlighet för deltagarna, och på demonstrationen i Madrid syntes bland annat plakat med texten "Machokultur dödar fler än coronaviruset".

Den 9 mars återupptogs rapporterandet av statistiken och Spanien var i chock, och några dagar senare sattes hela landet i karantän av samma regering som nyss uppmanat hundratusentals att gå ut och trängas på gatorna för att fira feminismen och jämlikheten.

Nu har Spaniens feminister godhetssignalerat sig till en massdöd på den egna befolkningen, vilket förmodligen inte bekommer dem då de i grunden är antispanska och antimänskliga aktivister, men vi får hoppas att Spaniens sunda befolkning minns detta och låter huvuden rulla när den här krisen är över.

Löfvens tal till nationen – vad var meningen?

Coronaviruset har skakat om Sverige ordentligt. Många känner oro. Statsminister Stefan Löfven höll därför ett tal till nationen på kvällen den 23 mars. Tyvärr var det svårt att ta till sig budskapet.

Statsminister Stefan Löfven har hållit tal till nationen med anledning av krisen i coronavirusets spår. Sist en statsminister höll ett tal till nationen var Carl Bildts tal 1992 på grund av att den s.k. Lasermannen då härjade. Det var förstås några laddade veckor, men ändå en så pass ringa händelse att taltillfället kändes lite malplacerat. Då var Löfvens tillfälle mycket mer väl valt. Men varför tog han inte tillfället i akt?

Stefan Löfven sade nämligen på sätt och vis väldigt lite under fem minuter. Det var många innehållsrika och laddade ord. Och enstaka avsnitt bjöd på dramatik och känslor, t.ex. att fler kommer att ta farväl av en älskad. På så sätt var det retoriskt starkt. Vidare förmedlade statsministern viktiga budskap, som att vi måste vara vuxna, att vi måste vara beredda på att fler restriktioner kan komma att införas, att vi måste ägna oss åt uppoffringar m.m. Även ord som "vårt land" skapade starka känslor. Men allt det drunknade i för många påpekanden och för lite betoning av situationens allvar.

De stora orden tappade sin innebörd genom att början av talet var så vagt. Vad jag saknade var en starkare betoning av hur svår krisen är och konkreta exempel på hur krisen drabbar: svårt sjuka familjemedlemmar, döda släktingar, uppsägningar, en överansträngd sjukvård, ett halvt nedstängt samhälle, rädslan för att situationen i Italien ska ske i Sverige. Löfvens ord om det var: " Vi har en allmän smittspridning i Sverige. Liv, hälsa och jobb är hotade. Fler kommer att bli sjuka, fler kommer att tvingas säga ett sista farväl till en älskad." Det inger ingen större känsla av kris, anser jag. Därmed blir snacket om oro och ansvar senare i talet ganska meningslöst, eftersom oron och ansvaret bygger på känslan av krisläget. Det påminner om hur många svenskar ser på faran och krissituationen, nästan som om den inte finns. I skidorterna rapporteras det om full rulle i backar och after ski, restaurangerna är långt ifrån tomma, grundskolan kör på som vanligt.

Löfven påpekade bra att människor känner oro, framför allt oro huruvida samhället och staten klarar av att hantera krisen. Men det han sade om statens bemötande kändes inte betryggande: "allmänna sammankomster för fler än 500 förbjudits, gymnasie- och universitetsutbildningar bedrivs nu på distans, begränsa smittspridningen, säkerställa resurser till sjukvården, lindra konsekvenserna för dig som arbetar och för våra företag." Åtgärderna känns ringa (500 personer) eller för allmänt sagda (lindra konsekvenserna).

Vem blir trygg av att höra det? De fina orden om att " vi som samhälle möter denna kris med hela vår samlade styrka" skorrar därmed falskt.

Andra halvan av talet var innehållsmässigt bättre eftersom det berörde var och ens ansvar. Alla måste göra uppoffringar, var och en har ansvar, vi måste vara vuxna, vi måste följa plikten. Det var starka budskap och uppmaningar. Men även det förlorade sin mening p.g.a. den luddiga början men också p.g.a. att Löfven valde att säga så mycket, varmed budskapen drunknade i allt annat, och för att exemplen var rätt löjliga i sammanhanget.

Några exempel var: "Ingen av oss får gå till jobbet med symptom, stödköper en lunch från den lokala restaurangen, undviker att hälsa på mormor men i stället ringer henne och småpratar varje dag." Känns det som om vi har total kris i landet. Känns det som stora uppoffringar? Känns det som hårda krav? Nej! Och mängden påpekanden gjorde att man inte fick någon klar känsla för hur mycket det egna ansvaret faktiskt betyder – att vi alla undviker onödiga sociala kontakter, att vi tvättar händerna, att vi finner oss i att hålla oss hemma, att vi inte går bärsärk när vi blir uppsagda, att vi lyssnar på kloka myndighetsbeslut, att vi under en kort tid ger upp en del av vårt nöjsamma liv.

Därmed blev den typiskt socialdemokratiska appellen att vi gör och ordnar det här tillsammans meningslös. Så där räddar vi inte landet ur en kris.

Jag tror att Löfven ville ge svar på den oro som finns i landet men att han inte klarade det, precis såsom regeringen har hanterat krisen rätt valhänt. Jag tror vidare att han ville säga till på skarpen hur viktigt det är att svenskarna sköter sig under krisen men att han inte klarade av att ryta till. Jag tror att det viktigaste budskapet som regeringen ville få fram var att vi måste vara beredda på att fler restriktioner kan komma, men att Löfven inte vågade säga det annat än som en minimal del av ett tal till nationen. Dessutom tror jag att sossarna använde möjligheten som ett stycke propaganda, för att synas. Man får inte glömma hur mycket av talet som innehöll Löfvens favoritord "ansvar". Lika tomt som vanligt.

DAN ERIKSSON
23 mars 2019

Vi väljer livets eller dödens väg

Dan Eriksson tittare närmare på hur coronaviruset behandlats i fyra olika länder. Vad har fungerat bäst? Politiskt korrekthet och mångkultur, eller nationalism och beslutsamma ledare?

Godhetssignalering, alltså att göra vad man kan för att visa upp för allmänheten vilken "god" människa man är trots att det inte fyller någon vettig funktion, kan vara förklaringen till både Italiens och Spaniens explosiva utbrott av coronaviruset, varifrån vi har tydliga exempel.

Antirasism dödar i Italien

I Italien väntade man in i det sista med att börja testa resande från Kina, för att man var rädda att anklagas för rasism. Istället gick till exempel Florens borgmästare ut med uppmaningen att man skulle "krama en kines". Det gjordes välproducerade videoklipp och hashtaggen trendade på italienska Twitter – alla skulle krama kineser för att visa att de inte var rasister. I skrivande stund har 5 476 italienare dött av viruset och spridningen har långt ifrån avtagit – över 60 000 är nu smittade.

Feminism dödar i Spanien

I Spanien arrangerade regeringen en feministisk demonstration den 8 mars, trots att spridningen var i full gång. För att inte förstöra stämningen inför vänsterjippot valde regeringen att censurera siffrorna på antalet smittade och döda. I skrivande stund har 2 182 spanjorer dött av viruset och över 33 000 är konstaterat smittade.

Nationalism räddar liv i Ungern och Japan

I Ungern tog den nationalistiska premiärministern Viktor Orban viruset på allvar och valde direkt att stänga gränser och isolera de iranier som drog smittan till landet. De iranier som motsatte sig det, varav några började misshandla medicinsk personal, utvisades ur landet. I skrivande stund har 13 personer dött till följd av viruset i Ungern och 131 konstaterats smittade.

Japan var ett av de första länderna utanför Kina att drabbas av viruset, men har inte sett en explosiv ökning likt den i andra länder. Man stoppade tidigt resor från Kina, kontrollerade alla inresande och framförallt; genom att ha ett etniskt homogent land där alla fått lära sig visa respekt för varandra hålls disciplinen. Tokyo borde vara en smittohärd utan dess like nu, med tanke på hur tätt folk bor och att viruset varit i landet över två månader – men den stora spridningen har uteblivit, något som förstummar globalistmedier.

Välj livets eller dödens väg
Visst har vi inte de fullständiga resultaten än, och det finns skillnader i mätmetoder mellan olika länder. Men det säger sig självt att länder med hög etnisk homogenitet och beslutsamma ledare kan hindra en pandemi betydligt effektivare än en mång-kulturell stat med svaga, liberala ledare.

När vi nu ser stora störningar i distributionskedjan till följd av stängda fabriker, panikstängda gränser och allmän rädsla blir det också tydligt att länder med högre självförsörjningsgrad klarar den här typen av kriser betydligt bättre.

Alltså: Mångkultur och politisk korrekthet gör att viruset sprids snabbare, och glo-balisering gör att man klarar kriser sämre. Medan nationalism och beslutsamma ledare gör att man lättare stoppar spridningen, och självförsörjningssystem gör att man klarar kriser bättre.

Det borde inte vara så svårt att välja. Det står mellan nationalism och globalism. Mellan folkgemenskap och mångkultur. Mellan liv och död.

När vi fått kontroll på det här viruset har vi möjlighet att välja bort döden och istäl-let välkomna livet. Låt oss göra det och låt oss göra slut det globaliserade, liberala, mångkulturella projektet för alltid.

JALLE HORN
24 mars 2019

Asterixtecknaren Alberto Uderzo är död

Idag den 24 mars dog fransmannen Alberto Uderzo, tecknaren till seriefiguren Asterix. Han dog i sitt hem i staden Neuilly-sur-Seine. Han blev 92 år gammal. Asterix är känd över hela världen. Vad många dock inte vet är att en grundidé med serien var att hylla det franska folket. Serien har således en nationalistisk framtoning.

Hjältarna dör dag efter annan nu. För ett par dagar sedan uppgav Kenny Rogers andan, och tidigare idag den 24 mars var det Alberto Uderzos tur. Han dog i sitt hem i Neuilly-sur-Seine vid en ålder av 92 år. Uderzo hade enligt familjen varit hängig en tid, så bortgången var ingen överraskning. Hans död hade inget med coronaviruset att göra utan hade sin naturliga orsak: hög ålder.

Uderzo hade många projekt i sin tecknarkarriär, men givetvis är det seriefiguren Asterix han är allra mest känd för. Uderzo skapade figuren tillsammans med René Goscinny, som stod för manus i de 24 första albumen. Det har sålts miljontals Asterixalbum, och åter miljoner människor har sett filmatiseringarna, både de animerade och de icke-animerade. I många länder och för människor är Asterix en ikon. Ett skämtalbum heter t.ex. Alcoholix, och det finns åtskilliga sådana verk som anspelar på Asterixserien.

Man kan tveklöst säga att seriefiguren Asterix är en av världens mest kända uppenbarelser.

För den som inte känner till Asterixserierna handlar albumen om en keltisk (de franska kelterna kallades galler av romarna) by vid Engelska kanalen. Efter gallernas förlust mot Julius Caesar år 50 f.Kr. lyckades romarna besätta hela Gallien, ungefär motsvarande dagens Frankrike. Fast i serien vägrar en by underordna sig. De kan göra fortsatt motstånd mot romarna tack vare druiden Miraculix trolldryck som gör gallerna superstarka och osårbara. I äventyr över hela världen upplever den lille men tappre krigaren Asterix, hans vän tjockisen Obelix, dennes hund Idéfix och några andra från den lilla byn en mängd äventyr i alltifrån Indien till Amerika.

Uderzos och Goscinnys avsikt med serien var att hylla det egna folket och landet. Samtidigt ville man ha med rafflande äventyr och en stor portion humor. Allt skulle spegla den franska andan. Således lyser serien av esprit såväl som av satir, klassiska franska egenheter. Storheten ligger utöver det i de spännande berättelserna, den mustiga historielektionen, den dråpliga humorn, de intressanta resorna till när och fjärran, de många anspelningarna på fenomen i vår tid och inte minst Uderzos teckningar. Samtidigt som teckningarna illustrerar handlingen på bästa sätt finns bl.a. en typisk satirisk stil i de uppförstorade detaljerna, inte minst näsorna. Asterix och Obelix har stora potatisnäsor, Caesar har en skarp örnnäsa, Cleopatra har en ytterst graciös näsa (vilket det görs stora poänger av) o.s.v.

Sagan om Asterix och hans tappra galler började 1959, då serien gjorde ett gästinslag i en annan serietidning. Två år senare kom det första albumet, med just namnet Asterix och hans tappra galler på svenska, Astérix le Gaulois (Asterix galliern) i det franska originalet. Uderzo tecknade medan kompanjonen René Goscinny stod för manuset.

De gjorde 24 album tillsammans, men 1977 dog Goscinny. Många kännare ansåg att Asterix på sätt och vis gick i graven då eftersom Goscinny sågs som ytterst snillrik, både när det gäller berättelsernas helhet och allehanda detaljer. Men Uderzo fortsatte på egen hand, och många av albumen efter 1977 håller nog så hög klass och är ytterst roliga. Scenen i t.ex. Asterix på irrvägar, album nummer 26 från 1981, när Obelix och en kamel tittar stint på varandra bakom en sten de har sökt skydd bakom är oförglömlig. Och händelsen, att Asterix och Obelix råkar ut för otaliga folk i Mellanöstern som ränner runt och krigar med varandra i öknen – babylonier, sumerer, akkkader o.s.v. – är också dråpligt komiskt eftersom området var fyllt av sådana krig mellan folk för flera tusen år sedan, precis som de senaste 70 åren, och egentligen alltid.

Alberto Uderzo gjorde tio album på egen hand efter kompanjonens död. De senaste fyra albumen, från 2013 och framåt, har dock gjorts utan Uderzo. Produktionen fortsätter således. I längden får man nog hoppas att man ger upp och lägger ner serien. Allting blir övermättat och tappar stinget till slut. Men ingen bör undgå att avnjuta de 38 tillgängliga seriealbumen. Uderzo och Goscinny må ligga begravda under jorden, men Asterix kommer – för bövelen – alltid att leva.

MAGNUS SÖDERMAN
24 mars 2019

Hur länge kommer världen hålla stängt?

Olika länder har valt olika vägar. Somliga var snabba på att stänga gränserna, andra har ännu inte gjort det. Men hur länge kommer det att fortgå? Hur länge kommer "vanligt folk" hindras från att globetrotta?

Att besluta om en gränsstängning är ingen lätt sak. Har man byggt upp ett samhälle – en värld – på globalismens grund så är stängda gränser inte bara ett allvarligt problem för försörjningslinjerna, det är ett ideologiskt misslyckande av rang.

Men det är inte heller enkelt att öppna gränserna när de väl har stängts. Det är lite som att själv vara sjuk men vilja gå och träna. Man vet inte riktigt när det är säkert, men man vet att om man kör igång för tidigt så kommer sjukdomen tillbaka (med hämnd i åtanke).

Antagligen kommer ekonomin till sist tvinga länder att återgå till det normala, oavsett konsekvenserna. Man kommer hålla tummarna att folk blivit immuna eller att viruset blivit snällare. Det brukar ju vara så, tänker man. Sedan får man se hur det slutar.

Men vi vet inte.

I Tjeckien säger chefen för krishanteringen att det kan ta upp till två år innan gränserna öppnas och saker går tillbaka till det normala. Allt beror på hur Europa klarar sig och Roman Prymula, chefen i fråga, tror det går illa på många ställen.

Också Tjeckiens hälsominister Adam Vojtěch är inne på samma linje. Det viktiga, enligt honom, är att begränsa resandet från länder som drabbats hårt av viruset så att de inte tar med sig en andra eller tredje våg in i landet om ett år eller två.

Tjeckerna kan ta hand om 15 000 fall, men det är gränsen. Förhoppningsvis kan de hålla nere siffrorna till 10 000, säger ministern.

Två års stängda gränser förutspår tjeckerna alltså. Om det blir så återstår att se, men de verkar ta det säkra före det osäkra. Visst, varor tillåts transporteras och de lär fortsätta göra det, även om det blir lite knöligare än det var tidigare då gränsövergångarna i princip var osynliga. Det är för människorna det blir jobbigt.

Lika bra det kanske? I grund och botten har detta resande fram och tillbaka över världen inte varit bra. Inte för planeten och inte för människorna. De mest avlägsna platserna har blivit tillgängliga och kommersialiserade. Weekend i New York, onsdagsfika i Berlin och en croissant i Paris på tisdagen. Magin försvinner när överflödet tar över.

Nu får vi stanna hemma, i två år kanske. Hemmasemester är inte illa det och kanske får vi se en boom inom svensk inhemsk turism? Det vore fantastiskt. Det finns mycket att se i Sverige och svenskarna behöver lära känna sitt land och sitt folk.

Det kommer inte gå någon nöd på oss, även om världen håller stängt ett år eller två.

Vad Stefan Löfven kan lära av Boris Johnson

Igår höll Storbritanniens premiärminister Boris Johnson tal till nationen, som så många andra statsledare gjort på sistone. Sveriges statsminister Stefan Löfven höll sitt dagen före. Vid en jämförelse mellan talen måste det konstateras att Stefan Löfven kan lära sig mycket av Boris Johnson.

Storbritannien och Sverige gick först samma väg när det gällde att skapa åtgärder mot coronaviruset. Man försökte få viruset att spridas utan större hinder, såsom nedläggningar av skolor och annat där många människor träffas i stora grupper. Men när britterna märkte att det skulle innebära att minst 100 000 människor skulle dö, d.v.s. offras av staten, bytte man snabbt taktik.

Nu har man snabbt infört den sorts lockdown som i stort sett alla europeiska länder, utom Sverige, har gjort. Bortsett från att alla skolor, restauranger, barer o.d. har stängts, får man numera enbart vistas högst två personer i grupp utomhus, och alla uppmanas att i högst möjliga grad stanna hemma. Men får ta sig till jobbet, motionera, handla förnödenheter, rasta hunden o.d. Annars: stay at home! Polisen ska se till att regleringen upprätthålls.

Därför höll premiärminister Boris Johnson ett tal igår, bara en dag efter att Stefan Löfven höll sitt tal till nationen. Skillnaden mellan talen är slående. Johnsons tal har en stringens och kraftig känsla av att det gäller en viktig sak från början till slut, varmed alla retoriska kryddor får en äkta innebörd. Löfvens tal karaktäriserades tvärtom av en svag början, en svag röd tråd, och laddade ord som mest blev fluff och floskler. Låt oss se!

Till att börja ska sägas till Löfvens försvar att britterna hade uppdateringar om hur staten avser att bemöta hotet, varmed uppmaningarna i talet fick en konkret förankring. Löfven innehöll inget nytt som inte sagts på pressträffar. Johnsons tal blev automatiskt mer laddat därmed. Men det är inget egentligt försvar; Löfven hade kanske gjort bäst att spara talet till en annan dag.

Johnson konkretiserar först hotet och faran för det brittiska samhället: virusets fruktansvärda slag mot människorna och att sjukvården kommer att kollapsa med många döda människor som följd ifall inte drastiska åtgärder görs. Lösningen är att hindra viruset från att spridas för snabbt. Sedan kommer ett par nyckelmeningar:

"And though huge numbers are complying – and I thank you all – the time has now come for us all to do more. From this evening I must give the British people a very simple instruction – you must stay at home."

Därmed är allt egentligen sagt – mycket laddat, tydligt och vänt till alla britter. Restriktionerna som därefter nämns blir därmed mycket klara och förståeliga. Vi måste följa dem. Uppmaningen slår rot hos åhöraren. Givetvis säger Johnson att det innebär påfrestningar för människor och företag. Men då kommer ytterligare ett par nyckelmeningar:

"But at present there are just no easy options. The way ahead is hard, and it is still true that many lives will sadly be lost. And yet it is also true that there is a clear way through."

Det finns inget val, men vi kan finna en väg igenom krisen. När Johnson därefter nämner statens insatser och tackar alla som kämpar för att hålla samhället rullande får det således tyngd. Men för att hela folket ska inse att de måste dra sitt strå till stacken säger han:

"But in this fight we can be in no doubt that each and every one of us is directly enlisted."

Alla är enrollerade i kriget. Alla måste hjälpa till. Genom att stanna hemma. Därigenom kommer britterna tillsammans vinna kampen mot viruset.

Det är ett mycket klart, laddat och fungerande tal. Retoriskt sett gör det susen. Och ändå är den visuella inramningen rätt dålig. Men ser knappt den brittiska flaggan bredvid Boris Johnson, han har sin vanliga nyvakna frisyr och han hängsitter vid skrivbordet. Löfven har en klart bättre inramning och ser (otroligt nog) mer kraftig och laddad ut. Men till skillnad från Johnson räcker orden inte till för Löfven.

Löfven visade en svag krisbild i början av sitt tal, och statens åtgärder kändes inte övertygande. Det fanns fina uppmaningar om plikt, ansvar och uppoffringar, men det fick ingen bäring på grund av dåliga exempel (t.ex. låta bli att hälsa på mormor dagligen) och svagheten i talets första del. Slutsatsen att vi minsann tillsammans kan ta oss ur krisen skorrade därmed också falskt.

Faktum är att Löfven hade behövt Boris Johnsons stringens och krav för att få sitt tal att fungera. Och svenskarna skulle behöva den sortens uppmaningar Johnson gav i sitt tal, så att de verkligen inser allvaret i situationen. Medan Johnsons ord fick en kraftig innebörd blev Löfvens ord mest floskler – något han gjort sig alltför känd för.

Löfvens tal med mycket fluff avslöjar att den svenska staten inte verkar ha så mycket att sätta in för att lösa krisen. Istället verkar regeringen ta chansningens väg. Alla länder i Europa har infört mycket hårdare restriktioner eftersom de inte vågar chansa, inte vill ta för stora risker med vad som kan hända om viruset slår än hårdare än Italien och Spanien.

Men vår regering tycks köra ett vågspel, lite rysk roulette. Det är därför Stefan Löfven ord om att "vi fixar det här tillsammans" blir floskler.

Det duger inte. Lär av Boris Johnson.

MAGNUS SÖDERMAN
25 mars 2019

Ali Arrach körde ihjäl familjefar – får straffrabatt som vanligt

Sedan många år har svenskt rättsväsende präglats av vänsteridén om att man ska vara mild, förstående och ge chans efter chans till brottslingen. Offren däremot är inte lika viktiga. Framförallt är vilar all skuld på "samhället" och inget på individen. Att det kommer surt efter kan man räkna med.

Många är upprörda över att Ali Arrach (20) inte fick mer än tre år och tre månaders fängelse efter att ha kört ihjäl den 50-åriga familjefadern Tommy natten mot den 14 januari i Stockholm. Reaktionerna är förståeliga, men straffet borde inte vara oväntat. Det är ju såhär svenskarna har velat ha det, uppfyllda av falsk humanism och vänsterbliven dogmatik. "Släpp fångarna loss det är vår", sjöng vi tillsammans med Hasse och Tage.

Men kanske kan vi inte skylla för mycket på svenskens grävande av groparna vi fortsatt ramlar ned i? I det Sverige där kulturmarxismens idéer slog igenom fanns inte Ali Arrach eller sådana som honom. Sveriges fall började inte med mångkultur och massinvandring, det började med devalveringar av alla grundläggande moraliska värden och förlöjligandet av all tradition och hierarki. Folket var dock svenskt och homogent, varför det klarade av det under lång tid.

Till och med den moderna vänsterns idéer kan överleva under en längre tid, om samhället de sjösätts i är homogent (svenskt i det här fallet). Det håller ihop eftersom vår kultur och vårt kynne är som det är. Trots generös välfärd var det inte så många som utnyttjade den och en grundmurad folkgemenskap fanns i det breda folklagret.

Visst fanns det kriminella också då, som var lika cyniska som Ali Arrach. Men det fanns också tjuvheder bland många. Prata med vilken gammal kassaskåpssprängare som helst så kommer du få höra om det.

Den perfekta stormen steg över horisonten i samband med att nya generationer uppfostrades i flumskolan av anti-auktoritära lärare där att "tycka rätt" var viktigare än att kunna och veta. Lärdom får stå tillbaka när värdegrunden ska ut. De blev små själviska monster och många slutade inte vara det när de växte upp. Själviskheten finns där: "jag, jag, jag" är mottot.

Därtill kom massinvandringen och mångkulturen. Människor utan respekt för landet eller folket dök upp en masse och svensken kunde inte hantera det. Vare sig enskilda svenskar eller myndigheterna. Klansamhälle, sharia etc. var något nytt och "polis polis potatisgris" degraderas till att inte längre vara en förolämpning. Nu blev det gatstenar i huvudet och skottlossning mot polisstationer.

Och får man väl fast någon så tar rättsväsendet över. Ett rättsväsende som ligger hopplöst efter. Sanningen är ju den att om man ska hålla ordning på folk som växt upp i länder där polisen tuktar befolkningen hårt, och handen kan huggas av efter fredagsbönen, så är inte ens ett svenskt livstidsstraff särskilt oroande.

Det visar sig att Ali Arrach fick vara med i Uppdrag Granskning för en tid sedan och berätta om sitt liv. Kontentan var att han begår grova brott på löpande band och föraktar svensk kriminalvård. Inte heller hade han några som helst planer på att leva ett hederligt liv. Tittar man på hur nämna kriminalvård har hanterat honom förstår man varför.

Ali har åkt dit många gånger och varje gång har rätten gjort vad de kunnat för att inte låsa in honom. Det är Socialtjänsten som tagit över och Ali har då fått terapisamtal, samhällstjänst och såväl lägenhet som praktik och arbete. Inte ens när brotten varit så grova att inlåsning ska utdömas så har det utdömts. 2018 blev det till sist så i alla fall. Efter att ha dömts för ett antal rån blev det fängelse, men på den lägre skalan och med straffrabatt. Arrach kommentar i UG:

– Det är en låst fritidsgård för vuxna män. Det är inte så att du ställs på andra tankar här inne eller att det är jobbigt. Det är just nu bara en pausknapp i mitt liv, om ett tag påbörjas livet igen, jag trycker på play.

Och det gjorde det för honom. Men denna gång slutade det med att Tommy blev dödad efter att Arrach trampat gasen i botten i samband med att polisen tog upp jakten på honom. Vill man ha det politiska styre vi lidit under de senaste årtiondena så är det bara att gilla läget. Tommy får offras och hans familj tvingas leva med sorgen. Det är värt det menar alla medlöpare … även om de inte säger det så är det precis så det är och det kan de inte slingra sig ur.

Glada bör de också vara eftersom deras system fortsätter att leverera. Arrach fick nämligen lite åldersrabatt denna gång också. Tre år och tre månader slutade det på eftersom att han var under 21 vid brottstillfället. Sedan drog rätten av en tredjedel till enligt gällande praxis. Och sköter sig Arrach medan hans liv pausas igen så kommer han komma ut efter att ha avtjänat två tredjedelar av det utdömda straffet.

Om och om igen får vi serverat svart på vitt att en hederlig människans liv inte är värt mycket i Sverige. Det är en mardröm man inte vaknar upp ur och orden "det enda ondskan behöver för att segra är att de goda ingenting gör" känns helt rätt att avsluta med.

EVA-MARIE OLSSON
27 mars 2019

Förvirring och fundering i coronatider

Tider kommer och tider går. Tänk att minnas vad som hände för 76 år sedan, men stup i kvarten glömma var man lagt telefonen och inte heller minnas att benen inte längre är spänstiga som en tjugoårings. Jag pratar här om min mamma, en svensk helt vanlig kvinna som snart har levt sitt liv, hennes tid på jorden har varit strävsamt men i det stora hela fint.

I dessa oroliga tider finner man sig ibland tänka tillbaka på det som varit, för det blir kanske inte något sedan, i alla fall inte om man är i den äldre ålderskategorin. Det var så här, jag skulle i veckan gå på Malmö opera och se En midsommarnattsdröm av William Shakespeare, men det blev det ju av förklarliga skäl inget med och det på grund av coronaviruset.

Äldre damer (och äldre herrar) är ofta mer eller mindre förvirrade, och ibland har dom kanske till och med "tomtar på loftet" men, mitt i röran kommer minnen fram. "En midsommarnattsdröm det var det första dom spelade på stadsteatern i Malmö, och jag var där", sa mamma. "Jaså du var där, och det var En midsommarnattsdröm som var det första dom spelade, är du säker på det?" Sa jag.

"Joho du det är jag, jag och mina väninnor Marianne och Margareta ... vi cyklade från Lantmannagatan dit och stod och tittade på alla finklädda människor som skulle på föreställningen, det var så fint, det var väldigt många vackra klänningar." "Oj då, ja det kan jag tro", sa jag. "Sen en annan dag lite längre fram var vi med skolan och såg operan, det var trevligt".

Mamma såg så glad och upplivad ut åt dessa trevliga minnen, dels den stora grejen av att få gå på teatern och sen tankarna tillbaka på sina bästisar som en trio som höll ihop i vått och torrt. Men, tillåt mig att vara misstänksam och tvivlande, denna berättelse hade jag aldrig hört förut så när jag kom hem kollade jag upp ett och annat om Malmö stadsteater, sedermera Malmö opera.

Jag häpnade, morsan dillade inte utan hon hade klart för sig då Malmö stadsteater byggdes under krisåren 1933-44, och invigdes 23 september 1944 med operan... ta dam... En midsommarnattsdröm som första stycke på sin repertoar.

"Det var ju det jag sa, du ska lita på mig" sa mamma med glimten i ögat någon dag senare när jag erkände mitt tvivel och berättade att hon hade rätt.

Såklart är det retfullt och trist att allt inte blir som man tänkt sig, men om jag väljer att se positivt på det så slipper jag att köra in till Malmö med allt vad det för med sig. Den där drömmen i midsommarnatten får bli en annan gång, det vill säga ifall man lever och har hälsan i behåll när kinesviruset ebbat ut och försvunnit. Vi ställs i dessa dagar inför prövningar som om man har tur kommer något så när helskinnade igenom.

Tillbaka till mamma som sedan 1984 bott i Ystad. När hon var liten då för länge sedan, när andra världskriget härjade, hade många Malmöbor släkt på landet. Min mormor och morfar gjorde som många andra, de skickade sina barn ut från Malmö till släktingar på landet. Mamma och tre syskon fick dela på sig och blev placerade hos fastrar och mostrar på Österlen, och byaskolorna fick på så sätt för några år fler elever. Två år varade evakueringen för mamma och syskonskaran.

Det är svårt att sätta sig in i hur det skulle vara att ta beslut om att skiljas från sina barn, om det så "endast" var för några år och då till släktingar på landet. Åren gick och detta blev så småningom som en parentes i livet, och intressant och lite spännande berättelser som jag fick mig till livs ett antal gånger under min uppväxt. Det var ju så längesedan mamma var liten, början på mitt liv utspelade sig ju under en helt annan, tryggare och modernare, tid.

Hur gammal man än blir så är föräldrarnas barn och ungdomstid en helt annan tid, som urtid, nästan. Men vad är egentligen 27 år i det stora hela, det är ju nästan ingenting när man tänker på det. 27 år äldre är mamma än mig, jag är 22 år äldre än mitt äldsta barn och nu är vi isolerade var och en på sitt håll. Den där coronan ställer till det och ställer in möten med dem vi längtar efter att träffa.

Som ett tidsdokument för eftervärlden att fundera över, gjorde vi rätt eller blev det så fruktansvärt fel? Är det fel att köra hem till mamma för att hjälpa henne, gör jag rätt när jag bjuder våra barn hem till oss på landet? För er som anser det fel vill jag berätta, barnen stannar i stan och isolerar sig ifall det tas beslut om det, eller så gör dom det själv ifall det behövs. Jag är så orolig.

Jag har aldrig varit med om så mycket tvehågsenhet, ena stunden vet man hur man ska göra och vilket som är bäst, medan man i andra stunden ändrar på allt och anser att något annat är det bästa. Vi tvättar våra händer ofta och så noga att de torkar ut och blir nariga, corona trivs i fett var det någon som sa = ingen handkräm, eller kan man ta lite i alla fall? Vi stelnar, rycker till och ryggar bort ifall någon i livsmedelsbutiken hostar eller ställer sig för nära. Väl inne i bilen plaskar vi på med handsprit, bilen blir till en egen frizon som utestänger en osynlig fiende.

Ve de personer i maktpositioner som i årtionden genom galna politiska beslut försatt oss som folk i fara och vara dåligt rustade för katastrofer. Våra liv står på spel. Våra företag, både stora och små, har en hård tid just nu. Vilka går omkull och vilka reser sig? Mycket kommer att förändras de närmsta veckorna, hur länge kommer vi att stå ut, hur länge måste vi stå ut och kommer vi att klara oss? Vi vill alla vakna upp ur mardrömmen, men till dess måste vi kämpa, hårt.

"Hur kan det bli såhär?" sa mamma. "Jag måste till Lindex och köpa trosor." "Nej det måste du inte alls, om du får coronaviruset kommer du inte att reda upp det för du är verkligen i riskgruppen, du har hela lådan full med trosor." "Har jag det?" sa mamma. Sen kokte jag kaffe och vi tog oss en fika på balkongen medan jag passade på att fråga mamma om sådant jag undrat över som hände förr i tiden. Tider kommer tider går och så gott vi kan hjälper vi varandra.

DAN ERIKSSON
28 mars 2019

Folkhälsomyndigheten och den dödliga politiska korrektheten

Över hela världen har vi sett hur antirasistiska kampanjer och manifestationer lett till en explosionsartad spridning av coronaviruset och Covid-19. Nu avslöjas dessutom att Folkhälsomyndigheten fått i uppdrag av regeringen att fokusera på utlänningar och transvestiter, istället för smittskydd.

Jag har tidigare här på Svegot (23/3) konstaterat att det rent ut sagt livsfarliga med politisk korrekthet blivit extra tydligt i coronakrisen. Nu framkommer det att även svenska Folkhälsomyndigheten är bakbunden av politisk korrekthet, och att regeringen gett den sådana uppdrag att den omöjligt kan vara optimalt förberedd på en pandemi av det här slaget. Men låt oss först påminnas om de internationella exemplen.

I Spanien skickade regeringen ut hundratusentals för att demonstrera för feminism och jämlikhet den 8 mars, trots att smittspridningen var i full gång — man till och med censurerade siffrorna för att folk inte skulle få för sig att stanna hemma på "Internationella kvinnodagen". Dessa demonstrationer utgjorde sedan egna epicentrum för spridningen och Spanien har just nu den otäckaste utvecklingen av alla drabbade länder.

I Italien vägrade man till en början att hälsokontrollera inresande från Kina, av rädsla för att bli kallade rasister. Istället lanserades kampanjer från politiker om att "krama en kines" för att visa att man var en tolerant och god antirasist. I dag har Italien flest döda av coronaviruset i hela världen.

I New Yorks Chinatown genomfördes den årliga nyårsparaden och politiker och antirasistiska proffstyckare uppmanade så många som möjligt att delta för att visa att man inte är någon sinofobisk rasist. New Yorks hälsokommissionär Dr. Oxiris Barbot var väldigt tydlig samma dag som paraden:

"Idag firar vår stad med kinesiska nyårsparaden i Chinatown, en vacker kulturtra-
dition med rik historia i vår stad. Jag vill påminna alla om att njuta av paraden och
inte ändra sina planer på grund av desinformation som sprids om coronavirus."

New York är nu epicentrum för pandemin i USA med över 25 000 smittade i skri-
vande stund.

Folkhälsomyndigheten ska fokusera på HBTQ och invandrare
En liten föraning om att politisk korrekthet också ligger bakom Sveriges underliga
strategi mot coronaviruset fick vi när statsepidemiolog Anders Tegnell inte tyckte
att folk skulle jobba hemifrån eftersom att det blir ett problem för jämlikheten. Men
en krönika i Expressen (28/3) av Johan Hakelius avslöjar att det är värre än så; hela
myndigheten är ett kulturmarxistiskt dårhus.

Under Fredrik Reinfeldts sista mandatperiod lades Smittskyddsinstitutet och Folk-
hälsoinstitutet ned, och istället bildades den nya Folkhälsomyndigheten. Från att
vi tidigare hade en myndighet som bland annat skulle ansvara för "skyddet mot
spridning av allvarlig smitta" hade vi nu en ny myndighet som helt saknade det
uppdraget. I det senaste regleringsbrevet från socialminister Lena Hallengren pre-
ciseras nämligen vad Folkhälsomyndigheten ska ägna sig åt:

- Psykisk ohälsa bland migrantbarn
- Utvecklingsprojekt inom alkohol-, narkotika-, dopnings- och tobaksområdet
- Insatser för att förebygga spelproblem
- Insatser för att främja lika rättigheter oavsett sexuell läggning, könsidentitet
  eller könsuttryck
- Genomförande av EU:s tobaksproduktdirektiv
- Dopingförebyggande arbete och nätverket PRODIS
- Ett utvecklat dopingförebyggande arbete
- Preciserad inriktning för arbetet med civilt försvar
- Ändrat uppdrag om stöd till kunskapsutveckling
- Ändrat uppdrag om informationsinsats inom psykisk hälsa och suicidpreven-
  tion
- Nationella minoriteter
- Minskat och förenklat uppgiftslämnande

När vi tycker att Folkhälsomyndigheten agerar konstigt måste vi alltså förstå att
deras fokus inte ligger på att skydda mot spridning av allvarlig smitta, utan att se
efter så att casinotorskar, transvestiter och afghaner mår bra. Det är det uppdrag de
fått från regeringen!

Människoliv offras för deras politik
Det blir tydligt att de liberala demokratiernas antirasistiska, feministiska, pride-
flaggsviftande, ryggradslösa ledare inte kan hantera en kris på optimalt sätt. De är

för bakbundna av sin egen politiska korrekthet, för marinerade i usel kulturmarxism och för indoktrinerade i teorier om jämlikhet och alla människors lika värde.

Problemet vi står inför är att det här är de "ledarna" vi har idag, och när vi är mitt uppe i en kris måste vårt fokus ligga på att hjälpa våra medmänniskor och göra vad vi kan för att minska de skador som regeringens usla arbete åsamkar vårt folk.

Men låt oss inte glömma vad de gjort. Låt oss inte glömma att det är deras politiska projekt som nu dödar folk på löpande band runt om i världen. Låt oss minnas och låt oss, när vi ridit ur den här stormen, avkräva ansvar.

Men framförallt, låt detta bli en väckarklocka för de som ännu inte förstått det bokstavligt livsfarliga med feminism, mångkultur, globalism och allsköns elände.

JOHAN SVENSSON
28 mars 2019

Brynolf Adlesparres förfärliga äventyr

Brynolf Adlersparre är högst irriterad över alla dumma får som överreagerar över något som bäst kan liknas vid en vanlig influensa. Någon ordning får det vara och han har inte ens snuddat vid tanken att ställa in sin Åre-resa med grabbarna. Och vilken resa det blev! Väl värt det. Det viktigaste är att inte överreagera, anser Brynolf. Och det står han fast vid.

Äntligen dags för semester!

Brynolf Adlersparre lutade sig tillbaka i flygplanets säte, blundade och njöt. Det hade varit en tuff vecka på advokatbyrån. En sådan cirkus det hade varit! Många av de anställda hade varit sjukskrivna, möten hade ställts in på löpande band och det hade varit struligt att få tag i folk. Allt på grund av den här förbaskade coronainfluensan. Folk var som hysteriska.

De hade varit tvungna att hålla möten över sådana där videolänkar eller vad det kallades. Brynolf avskydde videomöten, strulande uppkopplingar och alla problem med tekniken. Det slutade alltid med att någon av de unga killarna på kontoret fick komma och fixa alla inställningar som aldrig fungerade. Det hade varit så otroligt mycket bättre om man bara kunde träffas och hålla vanliga möten, hur svårt skulle det vara? Det tog bara tid att hålla på med IT och datorer. Så jäkla farligt var det ju inte att i värsta fall få lite influensa. Tjejerna i receptionen hade skaffat en massa handsprit som stod på disken. Det hade bara varit för kunderna att ta sig till byrån (den låg i centrala Stockholm med goda kollektivtrafikförbindelser), sprita av händerna, ta varandra i hand och köra mötet som vanligt. Helt otroligt vilka räddharar folk var. Han skrattade gott åt hur folk överreagerade.

Brynolf gillade inte datorer och projektorer och skärmar. Sin egen dator använde han mest till att fästa post it-lappar på för att inte glömma av möten och telefonsamtal. Mail fick flickorna i receptionen skicka åt honom om något behövde skrivas. Han gav dem handskrivna lappar som de skickade från hans mailadress. Jäkla datorer, det var ett otyg.

Men nu var det äntligen dags för lite semester. En långhelg i Åre. Han hade bokat rum på Hotell Tott som vanligt och såg fram mot att träffa alla kompisarna som redan var där uppe; Nille, Krabbe och Fjolle. De hade flugit upp dagen innan och hade garanterat champagnen på kylning.

Det var ett kort skutt med flyget från Arlanda till Östersund och hyrbilen väntade på Brynolf. En Ford Focus. Han skulle vara tvungen att sparka en av handspritflickorna i receptionen när han kom tillbaka till Stockholm, han hade specifikt gett order till dem att boka en BMW 4-serie.

En timme senare checkade han in på hotellet och det kändes som att det brann i magen. Det var strålande sol, eftermiddag och fullt av folk på gatorna. När han körde in i byn kunde han se att det var fullt av folk i liftarna och backarna. Perfekt för en rejäl after ski! Brynolf slängde in väskorna på rummet och nästan småjoggade bort till bergbanan som gick upp mot Fjällgården. Det skulle vara helt galet idag, det kände han på sig. Nille hade redan sms:at honom och meddelat att de paxat bord. Det var kö när han kom till bergbanan och folk trängdes för att få plats. Så fort dörrarna till tåget öppnades vällde det in folk och Brynolf stod uppträngd mot en av väggarna under färden upp för berget. Vad mycket folk. Vilket drag det skulle vara idag!

Uppe vid Fjällgården kräktes tåget ut sin last som svärmade bort mot hotellet och bandet hade redan kört igång. Brynolf hittade snabbt vännerna som satt vid sitt favoritbord med två flaskor champagne i ishinkar och en oblyg skaldjursplatå uppdukad. Han fick tränga sig genom den svettiga och högröda folkmassan som berusat hoppade till musiken, trängdes mot baren och fyllehånglade. Ett sånt drag! Folk måste ha börjat tidigt idag, tänkte Brynolf.

– Noffe! ropade Nille och vinkade när han fick se honom bana väg genom publiken.

– Nille! ropade Brynolf när han fick se sin gamle vän. Inte ens skidhjälmen hade kunnat rubba hans prydliga gråsprängda backslick. Snart stod hela det gamla kompisgänget och skrattade, kramades och kindpussades.

– Äntligen här käre bror, ropade Fjolle i örat på honom över bandets larm.

– De kommer bli en jääävla helg asså, flinade Krabbe och tryckte ett bräddfullt glas Moët i handen på honom. Som han hade längtat efter detta.

Brudarna sneglade redan åt deras håll där de satt med både champagne, ostron och hummer. Tricket var att vara frikostig med både det ena och det andra, så skulle de nog slippa gå och äta middag ensamma idag.

De kom i sällskap med fyra damer från Stockholm som också var där över helgen precis som de. Bra, jämnt antal, då skulle det inte bli bråk om brudarna. Att alla åtta runt bordet hade ringar på fingrarna var en sådan sak som stannade i Åre. Snart var titlarna undanlagda och de satt och åt från samma dignande fat med skaldjur medan folk trängdes, dansade och skrek runt dem. De hade verkligen fått ett bord mitt i smeten. Nille var fantastisk på att lösa bord. Han kände barchefen sedan gammalt och såg till att alltid sticka åt honom en rulle med sedlar när de träffades. På det sättet var de alltid garanterade bra plats och snabb service. Om man skulle misslyckas med att locka damer kunde barchefen hjälpa till med det också.

”Inget får saknas” var Nilles devis och gud ska veta att han levde efter den.

När eftermiddagen övergick i kväll rumlade de in på Mr. French nere på Åre torg. Krabbe kände ägaren och mer champagne stod på klart på bordet när de kom. Det var inte klokt vilken effekt bubbel hade på brudarna, de spann som katter och var rejält rosiga om kinderna nu. Lyckas varje gång, tänkte Brynolf nöjt. Stället var fullpackat och utan Krabbes kontakter hade det nog varit tji för att bjuda tjejerna på middag.

Servitrisen var en ung blond sak i sena tonåren. Hon var allt lite blek om nosen och bad om ursäkt för att hon var en smula förkyld. Hon hostade diskret bakom handen när hon presenterade kvällens specialare vid deras bord men Brynolf gillade henne. Inte bara för att hon var ung, blond och söt utan för att hon visade lite tåga. Det är strongt att gå till jobbet även om man är lite sjuk, enades vännerna och deras kvinnliga sällskap när servitrisen tagit deras beställningar. Inte som veklingarna på byrån som stannade hemma bara för att de trodde sig vara förkylda. Hjulen måste fortsätta rulla och då duger det inte att ligga hemma och glo på Netflix bara för att man är lite snuvig. De skålade för stigande börskurser och en ljusare framtid i sin Chateauneuf du-Pape (Guigal, 2014).

Senare den kvällen, efter att Brynolf ”Noffe” Adlersparre ringt sin fru och önskat henne god natt och hans damsällskap ringt sina barn som var ensamma hemma, rullade de runt i hans dubbelsäng på Hotell Tott och njöt i fulla drag av varandras sällskap. Efter att hon somnat stod han vid balkongdörren och såg ut över Åre. Han läppjade på en gin och tonic, lyssnade på dunket från nattklubbarna och ropen från glada människor som myllrade på gatorna. Åre kommer alltid att vara Åre, tänkte Brynolf nöjt. Det kommer alltid att vara mitt andningshål. Gudskelov att detta finns; mitt tuskulum i Jämtland. Sommar på Sandhamn och vinter i Åre. Det fanns en ordning.

Epilog:

Ljuden var det värsta. Det var så högljutt. Alla ropande, skrikande och hostande
människor. Brynolf låg på akutmottagningens golv. Alla stolar var upptagna. Vissa
låg på ambulansbritsar, men någon sådan hade han inte fått. Inga ambulanser fanns
tillgängliga när han till sist behövde akut vård. Hans fru, Marika, hade fått släpa
ner honom från våningen till garaget i källaren och lägga honom i baksätet i sin
Mercedes. Han hade varit sjuk i flera veckor och ingenting hade hjälpt. Han hade
tappat rösten och hade blodsmak i munnen av allt hostande. Han var matt av feber
och hade tappat gud vet hur många kilon. Andetagen kom i korta väsanden och han
fick svårare och svårare att få luft. Han hade försökt få tag i grabbarna, men vare sig
Nille, Krabbe eller Fjolle hade gått att få tag i. Nu hade även Marika börjat hosta.
Hon stod framme vid receptionsglaset och bankade hysteriskt på rutan. Ingen kom.
Överallt dessa människor. Hostande, rosslande, flämtande. Deras anhöriga som
skrek i mobiltelefoner, bankade på dörrar och grät. Brynolf slöt ögonen. Andetagen
blev kortare och kortare och han började känna sig lätt i huvudet. Kroppen slappna-
de av. Ljuden blev allt mer dämpade och han orkade inte få upp ögonlocken. ”Jag
är glad att jag inte överreagerade i alla fall”, tänkte han när han drunknade av sina
vätskefyllda lungor och världen sakta försvann.

MAGNUS SÖDERMAN
29 mars 2019

Kan man lita på Kina?

Lagom till att Europa blev det nya epicentret för coronapandemin började Kina återhämta sig och sakta men säkert starta upp sina fabriker igen. Snart nog öppnar Wuhan och ska vi tro den officiella statistiken dog inte fler än 3 304 personer. Nu verkar kineserna fokusera på att vara goda medmänniskor (för en liten förtjänst så klart).

Också denna gång kom viruset från Kina och att det fick sådan spridning som det fick berodde bland annat på att man höll tyst om det för världen. Först när spridningen inte gick att stoppa längre så berättade kinesiska myndigheter om det. För sent, som sagt. Och nu har vi det som vi har det. Men Kina verkar ha fått kontroll på det hela, enligt dem själva i alla fall. Frågan är väl om deras statskontrollerade media är mer pålitlig än vad Pravda var en gång i tiden? Hur det än är med den saken så vaknar draken till liv och börjar spana kring. Efter att ha haft det bekymmersamt ett tag, med arga demonstranter i Hongkong och handelskrig med USA ser läget bättre ut.

USA är på väg rakt ned i avgrunden och Europa vet vare sig ut eller in. Inget annat än coronapandemin finns på dagordningen och något liknande klimatpaniken (som tidigare drabbade ungdomar och unga vuxna) har slagit rot hos äldre människor (vilka också är makthavare). Så allt som tidigare inte gick, går. Stängda gränser, flygstopp, omställning till inhemsk produktion och så vidare. Tänka sig.

Jag försöker hålla mig borta från konspirationer så gott det går. Oftast är verkligheten inte alls lika kittlande. Men en sådan har jag börjat nära lite grand, och det är den att Kina faktiskt gjort det hela med flit.

Man brukar säga att om man ska veta vem som ligger bakom något så ska man se vem som tjänar på det. Och en sak är säker. Väst tjänar inte på detta. USA tjänar inte på detta. EU tjänar inte på detta. Förvisso tjänar en eller annan tillhörande enprocentarna på vår jord på orostiderna, som vanligt, men det är ett högt spel i så fall för om pandemin fördjupas och samhällen börjar falla samman, så sitter inte världsbankirerna särskilt säkert heller. Historien har lärt oss det.

Inte heller EU tjänar på det som sker, snarare tvärt om. Globalister generellt har det svårt just nu, hela deras idé faller samman framför deras ögon och alltfler drar öronen åt sig och börjar tänka att det här med nationalism (som praktiserad grundtanke i vart fall) kanske är den bästa vägen.

Men Kina däremot, de har en hel del att vinna på det som sker. Bland annat den skyddsutrustning som tillverkas och som hela världen skriker efter. Eller de där coronatesten man prånglat ut för miljarder men som visar sig visa fel i upp till 80 procent av fallen. Några gratis munskydd till Italien väger inte upp som goodwill kan jag tycka.

Andra tycker det dock och vi kan se hur många börjar höja upp Kina som en räddande ängel, vilka tar ansvar medan EU backar undan.

Kina är en kommunistisk diktatur, det har inte ändrats och deras syn på människan – både egna medborgare och andra – lämnar en hel del att önska. Glöm inte att det är samma land som 1958 bestämde sig för att ha ihjäl så många pilfinkar som möjligt (eftersom de åt upp skördarna) vilket ledde till att insekterna fick mer utrymme. 30 miljoner dog av svält på grund av detta.

Skulle dagens Kina vara beredda att offra 3 304 personer (eller ta siffran gånger tio om du vill) för att stärka sitt anseende i världen genom hjälpsändningar och försäljning av skyddsmaterial? Jag finner det inte osannolikt. Faktum är att det är den mest sannolika av alla teorier jag stött på hittills.

Att använda en ny version av coronaviruset är inte heller något dum idé, även om det generellt sett är en dum idé att mixtra med virus. Kanske tänker man att det blir lite värre än en ”vanlig” influensa, men inte så illa att apokalypsen träder in.

Under 1968 till 1971 mördades uppemot 1,5 miljoner kineser av den egna Folkets befrielsearmé eftersom man skulle ”rensa ut klassleden” från ”kontrarevolutionära element”. Skulle Kina verkligen gråta om 10 miljoner världen över till sist strök med av viruset? Nej, speciellt inte om de samtidigt flyttar fram sin geopolitiska position i världen.

Faktum är att det nog görs med en axelryckning.

Att bankmaffian och eliterna i väst är cyniska och ganska osentimentala när det kommer till människoliv, det vet vi. Men det betyder inte per automatik att Kinas kommunistiska regim på något sätt är bättre. Allt för många verkar glömma det idag.

Tror jag då på detta själv? Jag vet faktiskt inte och ärligt talat går det inte att se klart (eller klarare) förrän stormen har lagt sig. Vi är mitt upp i den och något slut syns inte. Ett är säkert, det kommer inte gå att fortsätta med nedstängda samhällen och ekonomier som tvärnitats. Det är redan upprorsstämning i Italien och Spanien ligger inte långt efter. Snart nog kommer regeringarna komma fram till att de måste öppna upp, eller riskera sin egna existens.

Och då står Kina redo att fylla på med prylar från fabrikerna i Wuhan.

När så sker kan vi bara hoppas att viruset till sist börjar bete sig som sina mildare kusiner, vilka ger oss enklare förkylningar och lite halsont under någon vecka eller två. Vem vet, kanske, när allt ser som mörkast ut, så kommer Kina meddela att deras forskare lyckats knåpa ihop ett botemedel eller vaccin, samt att folkrepublikens folkindustri lyckats producera åtskilliga miljoner doser redo att skeppas ut över världen. Kanske kommer de till och med ge oss rabatt på dem.

MAGNUS SÖDERMAN
30 mars 2019

Högre utbildning
– en dalande stjärna

Sådana som jag anses av våra motståndare vara "antiintellektuella". Tydligen ska vi känna en misstro på människors förmåga att finna lösningar på problem genom förståndets hjälp. Ras, vilja och känsla med mera är tydligen sådant vi betonar. Kanske kommer jag ge dem vatten på deras kvarnar nu, med tanke på att jag tänkte såga den högre utbildningen vid fotknölarna.

Någon egen erfarenhet av högre utbildning har jag inte, det ska jag erkänna. Mina uppfattningar bygger helt och hållet på andrahandskällor – framförallt från vänner med egen erfarenhet. Förutom dessa finns en hel del andra källor i form av uttalanden, artiklar, uppsatser och så vidare vilka redovisar vad som händer både i Sverige och utomlands.

Det har gått flera år sedan institutionerna för högre utbildning i USA fullständigt kapitulerade inför kulturvänsterns senaste framstöt (i raden av många). Vi lärde känna begrepp som "säkra platser" och sakta men säkert stod det klart att de blivande akademikerna inte ville läsa eller lyssna på sådant de upplevde som kränkande. Faktum är att det mesta var fel med utbildningen; kunskapskrav, litteraturen som gällde, tavlorna på väggarna och allt som påminde om auktoritet.

Det spreds till Sverige också och debaclet i Lund – som kulminerade med att lektorn Johan Grant fick sparken efter att några psykologistudenter känt sig kränkta, på grund av orsaker – visade riskerna tydligt. Utbildningen får inte vara svår eller utmanande och sådant som är jobbigt att hantera ska inte tas upp, det var kontentan.

Högre utbildning verkar handla mer om värdegrundsaktivism än något annat.

Att man på högskolor och universitet får ta del av udda, underliga och direkt frånstötande idéer, tankar och teorier är ju rimligt. Där, om någonstans, måste det vara högt i tak. Frågan är ju vilka det är som är antiintellektuella; vi som anser att allt ska stötas och blötas (säkra på att förståndet någonstans tar hem spelet), eller andra som kräver likriktning enligt den för närvarande rådande diskursen? Det känns som klassiska uttryck av att känna andra som man känner sig själva, när det gäller snöflingornas eskapader.

Det hela är sorgligt och upprörande tycker jag. När jag var yngre och fann böckernas värld stötte jag på alla möjliga författare som uppenbarligen hade tänkt till. De var doktor den eller den samt professor si och så. När jag började läsa engelsk litteratur hade författarna allt som oftast åtskilliga bokstavskombinationer framför sina namn (eller efter, eller både och).

När jag sedan började skriva imponerades jag än mer av dessa bokstavspersoners förmåga att uttrycka sig. Hur de kunde förklara, berätta och lära ut bara genom att använda bokstäver och ord i böcker? Förutom böcker blev det en hel del föreläsningar i ljudformat och tack vare internet blev den brunnen i princip bottenlös.

Ganska länge hade jag en inbygd respekt för personer med dessa olika bokstavskombinationer till sina namn. En professor- eller doktorstitel var en kvalitetsstämpel. Inte bara de som jag höll med, utan alla. De var värda att tagas på allvar. Att det för Platon räckte med Platon tänkte jag inte på. På senare tid har jag helt övergivit detta och numera använder jag förståndet för att bedöma och vaska fram intellektuella auktoriteter att ty mig till. Antiintellektuell? Pyttsan.

Självfallet ska inte barnet kastas ut med badvattnet. De akademiska disciplinerna måste bedömas olika, även om den moderna diskursen sipprat in överallt. Till och med matematik kan numera ha ett genusperspektiv. De som vet säger att humaniora och samhällsvetenskap är mer hopplöst är naturvetenskap. Icke förvånande i så fall. Men också inom de olika disciplinerna skiljer det sig åt. Lingvistik är mer förskonad än kulturvetenskap har jag hört sägas. Jag låter det vara osagt.

Sammantaget har glansen som en gång fanns inför den högre utbildningen mattats av rejält. För oss med "förstånd" är en akademisk titel idag snarare något som får en att känna misstänksamhet. "Jaha, du har en akademisk examen" säger man och tänker: "här gäller det att vakta sin tunga för denna människa är en lättkränkt jävel som inte klarar av högt i tak".

Den ledsamhet jag en gång kände över att ha slarvat bort skolan (eftersom det effektivt stängde dörren för att studera vidare) är puts väck. Visst, det finns en del som hade varit till gagn och som man svårligen kan tillägna sig själv. Men i det stora hela så gör det inget. Det känns mer som att en högre utbildning bara hade resulterat i förlorade år. Javisst, det är en subjektiv uppfattning och kanske hade jag vunnit sådant jag inte har någon aning om att jag saknar.

Huruvida just du – om du tillhör den skaran som ska göra val gällande höger ut-
bildning – bör hoppa på tåget eller se det försvinna från perrongen är inte upp till
mig att avgöra. Jag tänker dock inte råda sonen till det i alla fall (om han nu inte
uppvisar något speciell fallenhet som måste stimuleras särskilt mycket).

Förhoppningsvis kan förståndet ta över den högre utbildningen igen, innan det går
för långt och själva grunden raserats totalt. Det vore trevligt om doktor och pro-
fessor var en kvalitetsstämpel, inte det pestmärke det kanske kommer att vara om
en generation. Å andra sidan, Platon var ju bara Platon och han slår fortfarande de
flesta på fingrarna.

Ekelund ger oss lindring och tröst

I dikten "När i livets natt du dignar" ger Vilhelm Ekelund tröst för de plågor jordelivet ibland ger människorna. Genom poesins vingar låter han oss känna av en fastare verklighet, vilket kan ge oss lindring inför död och förödelse.

Vilhelm Ekelund är känd för flera saker. Som 28-åring spöade han 1908 en civilklädd länsman. Åtminstone var han i slagsmål med polismannen. Men mycket talar för att Ekelund var rätt hårdhänt eftersom han snabbt flydde landet och klammeriet med rättvisan. Utan några egentliga resurser. Han bosatte sig i Berlin några år där han levde på soppa och öl. Efter fyra års misär vågade han sig till Danmark, men först 1921 tordes han resa hem utan att vara rädd för att sona det gamla kurret.

Vidare är Ekelund känd som en av flera skånska poeter decennierna runt sekelskiftet 1900. A.U. Bååth, Ola Hansson och Anders Österling är några andra som i finstämd dikt har givit glans åt det skånska landskapet. Ekelund gjorde det genom att låta landskapsbilderna spegla hans själstillstånd, något han var tidig med i svensk poesi, åtminstone sättet han gjorde det på. Han sneglade bl.a. på de franska symbolisterna, främst Paul Verlaine.

Ekelunds poetiska karriär är också säregen. Som 30-åring gav han den egna poesin mer eller mindre korgen, trots att han var etablerad som poet i Sverige och kunde hantverket efter några diktsamlingar. Kanske ville han göra en Rimbaud (Verlaines vän). Den gudabenådade fransmannen lade också plötsligt av – fast vid än yngre år. Istället ägnade sig Ekelund därefter åt översättning och åt tankfyllda essäer och aforismer.

I sina mest bekanta dikter lyfter Ekelund fram sina egna känslor och funderingar, ibland i jagform, ibland mer allmänt betraktande och ibland med det skånska landskapet som en viktig del. Dagens dikt, från samlingen Havets Stjärna, 1906, är mer en tankedikt. Jaget i dikten är knappast poeten utan ett helt allmänt jag, envar, varje människa.

Dikten är viktig i vår tid av rädsla och sorg. I Italien och Spanien har coronapandemin skapat fruktansvärd förödelse och ingen vet riktigt när sjukan ska avta eller om den kommer att drabba oss uppe i norr lika hårt. I sådana tider, när människorna ansätts till det yttersta, söker människor tröst och lindring på olika vis. Vilhelm Ekelund har i nedanstående dikt åskådliggjort ett sådant sökande.

Dikten påminner om Stagnelius berömda dikt "Vän, i förödelsens stund" där poeten tröstar den nattsvart sorgsne och vilsne med att Gud skapade världen ur just mörker och kaos: "Natten är dagens mor, Kaos är granne med Gud:" Ekelunds lindring i en tröstlös tillvaro är att jordelivet blott är ett skådespel, men att det ovan molnen finns en fastare och klarare verklighet för själen. Meningen är för Ekelund säkert mer platonsk än kristen, men det spelar väl mindre roll för den som söker tröst.

Två saker ger dikten särskild laddning. Dikten består av en enda mening som sakta rör sig mot det förlösande svaret i slutet, och dikten är klart uppdelad i två nästan lika stora delar: den första halvan klargör förutsättningen och den andra halvan ger svaret.

När i livets natt du dignar
När i livets natt du dignar,
skräck omvärver bleka pannan
och du beder, beder, stammar:
hjärta, skälv för sista gången,
hjärta, brist då, brist då äntligt! –
är i denna tanken –
icke räddning – men en lindring,
glimt av stjärna, skymten av en tröst:
blott ett skådespel jag är ju,
av vars tusen dunkla smärtetrådar
mystiskt fattad, jag förgätit
friheten, mitt rena väsens källa;
lyft dig, lyft dig, o mitt öga,
ifrån detta marterspelets skuggbild,
över dessa moln och dunster mörka:
se, bortom allt detta ler ju
stillt, orubbligt fast det underbara
klara blåa, som beskiner
själens dunkla verkligheter!

Vilhelm Ekelund

Om Svegot

Svegot är en tankesmedja som ägs och drivs den ideella föreningen SVEGOT-DFS. Syftet med Svegot är att bredda det svenska medielandskapet och samtidigt lyfta frågor som är viktiga för föreningen, och arbeta för att driva opinionen i en riktning som mer påminner om föreningens idéer.

- Vår ledarsidas politiska hållning är frihetligt nationalistisk.
- Förutom att publicera nyheter, artiklar, kommentarer, analyser och krönikor i textformat publicerar vi även podcasts, sänder direktsänd nätradio och publicerar filmklipp.
- Allt överskott från Svegots arbete går direkt in i den ideella föreningen för att stärka upp dess arbete och hjälpa föreningen att snabbare nå sina mål.
- Åsikter som publiceras på Svegot behöver inte nödvändigtvis stämma överens med föreningens officiella ställningstaganden, eller alla våra medlemmars åsikter. För officiella uttalanden från föreningen, besök föreningens hemsida.

Stöd vårt arbete – bli prenumerant

Mycket av materialet på svegot.se kan du ta del av kostnadsfritt. Men för att driva verksamheten krävs ekonomi och denna får vi genom prenumerationer. Om du köpt denna bok separat så kan du teckna en prenumeration som dels ger dig tillgång till allt plusmaterial på Svegot, samt att du får framtida utgåvor av vår månadsbok direkt hem i brevlådan. Gå in på svegot.se och teckna din prenumeration redan idag.

svegot.se

Om Det fria Sverige

- Det fria Sverige är en intresseförening för svenskarna, den svenska kulturen och den svenska särarten. Föreningen vilar på traditionell grund och är frihetligt nationell. Föreningen styrs genom sina aktiva medlemmar på demokratiskt vis.
- Det fria Sverige är en ideell och samhällsnyttig förening som står upp för lag och ordning, mot pöbelvälde och ofrihet. Föreningen står upp för individens frihet, under ansvar för den gemenskap som friheten är beroende av.
- Det fria Sverige är en partipolitiskt obunden förening. Förvisso är vi traditionella nationalister, men detta transcenderar realpolitiska ställningstaganden och den klassiska höger-vänster-skalan. Den som delar vår vision och står bakom våra stadgar är välkommen.
- Det fria Sverige icke-konfessionell. Var och en i föreningen har rätt till sin egen tro, eller avsaknad av tro. Det vi kräver av varje medlem är dock att de respekterar varandra och de olika trosföreställningar som våra förfäder tagit till sig genom historien.
- Det fria Sverige bygger på principen om organisering underifrån och det är medlemmarnas egna ansvar att förverkliga visionen vi delar med varandra, inom det ramverk som föreningen beslutat om.
- Det fria Sverige driver opinion för svenskarna; bevakar den politiska och samhälleliga utvecklingen ur ett traditionellt nationellt perspektiv och arbetar såväl metapolitiskt, socialt som realpolitiskt. Detta arbete sker kontinuerligt.
- Det fria Sverige har framtiden för ögonen och arbetar idag för att lägga grunden som framtida generationer kan bygga vidare på. Vi har ett generationsperspektiv på vår verksamhet.

detfriasverige.se